Die schönsten Mädchen-Namen

Dietrich Voorgang (Hg.)

Die schönsten Mädchen-Namen

FALKEN
Taschenbuch

Im FALKEN Verlag sind zahlreiche Titel zum Thema „Baby“ erschienen.
Sie sind überall erhältlich, wo es Bücher gibt.

Sie finden uns auch im Internet: **www.falken.de**

Der Text dieses Buches entspricht den Regeln
der neuen deutschen Rechtschreibung.

Dieses Buch wurde auf chlorfrei
gebleichtem und säurefreiem Papier gedruckt.

Originalausgabe
ISBN 3 635 60533 6

Umschlaggestaltung: Zembsch' Werkstatt, München
Gestaltung: Torsten Hellbusch
Redaktion: Falk Steins
Herstellung: Torsten Hellbusch
Titelbild: Tony Stone, München/Laurence Mokkert
Satz: Competext, Heidenrod
Druck: Freiburger Graphische Betriebe GmbH, Freiburg

817 2635 4453 6271

Vorwort

Gehören Sie zu den werdenden Eltern, die schon vor der Geburt wissen, dass sie eine Tochter erwarten? Dann haben Sie zumindest eine Sorge weniger – Sie müssen keinen Jungennamen für Ihr Kind parat haben. Aber auch so ist die Namenswahl schwierig genug.
Viele Gesichtspunkte bei der Namensgebung müssen reiflich bedacht und erwogen werden. Die Namensgebung ist eine verantwortungsvolle Aufgabe.
Früher waren die Menschen bei der Namensgebung in ihren Entschlüssen durch familiäre Traditionen und kirchliche oder gesellschaftliche Bindungen stark eingeengt. Heute wählen die meisten Eltern den Namen für ihr Kind frei nach eigenem Ermessen. Der Name der Paten wird – wenn überhaupt – an zweiter oder dritter Stelle hinzugefügt. Der Rufname aber, den die Eltern oft mithilfe der Verwandten und Freunde – und nicht selten nach langen Beratungen, manchmal auch erregten Debatten – aussuchen, muss vielen Wünschen gerecht werden.
Es soll ein schöner Name sein. Er muss beiden Elternteilen gefallen – und schon das ist nicht immer ganz einfach. Außerdem muss er in seinem Klang, in Sinn und Art, aber auch in seiner Länge zu dem Familiennamen passen.
Dies alles zu vereinen fällt oft schwer. Darüber hinaus ist aber noch mehr zu bedenken, und zwar vor allem, dass das Kind mit seinem Namen ein Leben lang auskommen muss und dass er sich sogar auf seine Persönlichkeit auswirken kann. Der eigene Vorname gehört zu den Worten, die ein Mensch am häufigsten hört. Wie psychologische Studien ergeben haben, spielt die Klangfarbe des Vornamens eine wichtige Rolle. Wie auch in der Musik stimmen helle Klänge optimistisch, dunkle Klänge eher depressiv. Besonders Vornamen, die die Buchstaben A, E, I, M, O und V enthalten, werden von Kindern als wohlklingend empfunden.
Natürlich soll der Name auch Ausdruck der einzigartigen Persönlichkeit des Menschen sein. Sehr ausgefallene Namen können aber einem Kind schon in der Schule Schwierigkeiten bereiten. Die Mitschüler spotten und hänseln vielleicht, sodass das Kind sogar eine Abneigung gegen seinen eigenen Namen entwickeln kann. Besonders lange Namen, so klangvoll und schön sie auch meist sind, werden häufig abgekürzt oder durch einen „Spitznamen“ ersetzt.

!

Ein ausgesprochener Modename birgt die Gefahr in sich, dass das Kind leicht mit vielen gleichnamigen Kindern verwechselt wird und dass es den Namen nicht als Ausdruck seiner Individualität empfindet.

Allerdings sind es fast überwiegend klassische Vornamen, die besonders häufig gewählt werden. Hier die 1997 am häufigsten vergebenen Mädchennamen:

1. Maria/Marie
2. Sophia/Sophie
3. Julia
4. Laura
5. Anna/Anne
6. Sara(h)
7. Lisa
8. Katharina
9. Vanessa
10. Michelle

Folgende praktische Gesichtspunkte sind bei der Namenswahl zu beachten: Das Geschlecht muss aus dem Vornamen eindeutig hervorgehen. Wenn das nicht der Fall ist, muss ein eindeutiger Zweitname hinzugesetzt werden.

Die Anzahl der Vornamen ist nicht beschränkt. Mehrere Vornamen können durch Bindestrich miteinander verbunden werden. Mehr als zwei Vornamen sind aber nicht zu empfehlen; die Getrenntschreibung ist vorzuziehen.

Stark landschaftlich geprägte Vornamen sollten nur nach reiflicher Überlegung gegeben werden. Bedenken Sie, dass beispielsweise ein bayerischer Vorname sich in Norddeutschland ziemlich ungewöhnlich ausnimmt.

Lange Familiennamen sollten eher mit kurzen Vornamen kombiniert werden und umgekehrt. Nach Möglichkeit sollten sich Vor- und Familienname nicht reimen. Es erleichtert die Aussprache, wenn der Vorname anders auslautet als der Familienname anlautet, also nicht: Jennifer Reuter.

Zur Erklärung der Namensbedeutungen in diesem Buch noch folgende Hinweise: Bei den Vornamen, die aus dem Althochdeutschen stammen, werden die Bedeutungen der Namensbestandteile getrennt angegeben, da die Bestandteile schon früh mehr oder weniger beliebig zusammengesetzt wurden, sodass sich häufig keine Sinneinheit mehr erkennen lässt. Auch bei Vornamen aus fremden Sprachen lässt sich häufig keine exakte Namensbedeutung angeben, sondern nur, von welchen Worten sie abgeleitet sind. Bei manchen Namen ist die Deutung unsicher oder es kommen mehrere Deutungen infrage.

Übrigens ist dieses Buch nicht für Sprach- und Namensforscher bestimmt, sondern für Eltern, die einen Vornamen suchen, außerdem für alle, die sich ganz allgemein für weibliche Vornamen interessieren.

Aaltje Nebenform von Altje
Abby englische Kurz- und Koseform von Abigail
Abelina (e) *hebräisch:* der Hauch, die Vergänglichkeit; auch Kurzform von Adelberta
Abelone dänische und norwegische Form von Apollonia
Abigail *hebräisch:* Quell der Freude, Vaterfreude
Ada auch Adda, Kurzform von Vornamen, die mit „Adal-" zusammengesetzt sind; *hebräisch:* Zier, Schönheit
Adalberta (e) *aus dem Althochdeutschen:* edel und glänzend
Adalburg *aus dem Althochdeutschen:* edel und Schutz
Adalgard *aus dem Althochdeutschen:* edel und Schutz
Adalia Nebenform von Adele
Adelaide französische Form von Adelheid
Adelberga *aus dem Althochdeutschen:* edel und Schutz
Adelberta Nebenform von Adalberta
Adelburg Nebenform von Adelberga
Adele (a) Kurzformen von Adelheid. *Bekannte Namensträgerinnen:* Adele Schopenhauer, deutsche Schriftstellerin; Adele Sandrock, deutsche Schauspielerin. *Namenstag:* 24. Dezember
Adelgund (e) *aus dem Althochdeutschen:* edel und Kampf
Adelheid (e) *aus dem Althochdeutschen:* edel und Art. *Namenstag:* 5. Februar, 11. Juni, 16. Dezember
Adelhild (e) *aus dem Althochdeutschen:* edel und Kampf
Adeline (a) Nebenformen von Adele
Adelinde *aus dem Althochdeutschen:* edel und sanft, mild oder Schild. *Namenstag:* 28. August
Adelmut (e) *aus dem Althochdeutschen:* edel und Geist, Sinn
Adelrune *aus dem Althochdeutschen:* edel und Zauber
Adeltraud *aus dem Althochdeutschen:* edel und Stärke. *Namenstag:* 25. Februar
Adina *hebräisch:* weich, erweiterte Form von Ada
Adna Nebenform von Edna
Adriane (a) *lateinisch:* aus der Stadt Adria. *Namenstag:* 2. August
Adrienne englische und französische Form von Adriane
Afra *lateinisch:* die Afrikanerin. *Namenstag:* 7. August
Agascha russische Kurzform von Agathe
Agathe (a) *griechisch:* die Gute. *Bekannte Namensträgerin:* Agatha Christie, englische Schriftstellerin. *Namenstag:* 5. Februar
Agda schwedische Form von Agathe
Aggy auch Aggie; englische Kurz- und Koseformen von Agathe
Agi Kurz- und Koseform von Agnes

A

Agia Herkunft und Bedeutung unklar. *Namenstag:* 18. April

Aglaia *griechisch:* Glanz, Schönheit, Pracht

Agnes *griechisch:* die Reine, Keusche. *Bekannte Namensträgerin:* Agnes Miegel, deutsche Balladendichterin; Agnes Fink, deutsche Schauspielerin; Agnes Straub, deutsche Schauspielerin. *Namenstag:* 21. Januar, 2. März

Agnete (a) auch Agnite, Agnese; erweiterte Formen von Agnes

Aida *arabisch-italienisch;* Bedeutung ungeklärt

Aila finnische Form von Helga

Aileen englische Nebenform von Helene

Ailis irische Form von Alice

Ailke Kurzform von Adelheid

Aimée französische Form von Amata

Aischa (e) *türkisch:* Gemahlin des Propheten Mohammed

Aitana *spanisch:* nach einer Landschaft bei Alicante

Aja *italienisch:* Erzieherin

Akelei Blumennamen, zu lateinisch „aquila“ = Adler

Alba *aus dem Lateinischen:* (weiße) Perle

Alberta auch Albertina; *aus dem Althochdeutschen:* edel und glänzend

Albina (e) *aus dem Althochdeutschen:* Elfe, Naturgeist; *lateinisch:* die Weiße

Alda auch Aldina; Kurzformen von Vornamen, die mit „Adel-“ zusammengesetzt sind

Aleida norddeutsche Kurzform von Adelheid

Aleksascha russische Kurzform von Alexandra

Alena (e) Kurzformen von Magdalena

Alenica russische Koseform von Elena

Alenka südslawische und ungarische Koseform von Alena

Alessa Kurzform von Alessandra

Alessandra italienische Form von Alexandra

Aletta (e) friesische Kurz- und Koseformen von Adelheid

Alexa Kurzform von Alexandra

Alexandra *griechisch:* die Helferin, Schützerin. *Bekannte Namensträgerinnen:* Alexandra, deutsche Fürstin; Alexandra, Frau des letzten russischen Zaren Nikolaus II. Alexandrowitsch, Alexandra Sükar, österreichische Schlagersängerin. *Namenstag:* 20. März, 21. April

Alexandrine erweiterte Form von Alexandra

Alexia Kurzform von Alexandra

Alfgard *aus dem Althochdeutschen:* Elfe, Naturgeist und Schutz

Alfrun *aus dem Althochdeutschen:* Elfe, Naturgeist und Zauber

Algisa Kurzform von Adelgisa; edel und Speer

Alice auch Alyce, Alicia; englische Kurzformen von Elisabeth, Adelheid oder Alexandra. *Bekannte Namensträgerinnen:* Alice Kessler, deutsche Tänzerin; Alice Schwarzer, deutsche Journalistin der Frauenbewegung. *Namenstag:* 11. Juni

Alida Kurzform von Adelheid

Alinda Kurzform von Adelinde

Aline (a) *arabisch:* die Erhabene

Alisa Nebenform von Alice

Alison englische und französische Form von Alice

Alja russische Kurzform von verschiedenen Vornamen, z.B. Alexandra; auch als männlicher Vorname!

Alma *lateinisch:* die Lebenspendende, Nährende. *Bekannte Namensträgerin:* Alma Mahler-Werfel, Witwe des Komponisten Gustav Mahler

Almut auch Almod, Almoda, Almudis, Almuth, Almute; Kurzformen von Adelmut. *Namenstag:* 12. März

Aloisia *germanisch:* die Weise

Alrun (a) auch Alraune; Kurzformen von Adelrune

Altje friesische, niederdeutsche und niederländische Koseform von Adelheid

Alva *aus dem Lateinischen:* die Weiße

Alwine auch Elwine; *aus dem Mittelhochdeutschen:* edel und Freundin

Ama *baskisch:* die Mutter, die Mütterliche

Amabella *aus dem Lateinischen:* die Liebenswerte. *Namenstag:* 9. April

Amadea auch Amedea; *lateinisch:* liebe die Göttin!

Amalia (e) Kurzformen von Vornamen, die mit „Amal-“ zusammengesetzt sind. *Namenstag:* 10. Juli

Amalinde auch Amalindis; *aus dem althochdeutschen* „amal“ = das ostgotische Geschlecht der Amaler betreffend und sanft, mild oder Schild

Amanda *lateinisch:* die Liebenswerte

Amarante *griechisch:* die nie Verwelkende

Amarilla auch Amaryllis, Blumenname

Amata *lateinisch:* die Geliebte

Amber englischer Vorname; *ursprünglich aus dem Arabischen:* Bernstein

Ambra italienischer Vorname; *ursprünglich aus dem Arabischen:* Bernstein

Ambrosia *griechisch:* die Unsterbliche, die Göttliche

Amelie französische Form von Amalia. *Bekannte Namensträgerin:* Amelie Fried, Fernsehmoderatorin und Schriftstellerin. *Namenstag:* 10. Mai, 2. Juni

Amöna *lateinisch:* die Anmutige

Amrei süddeutsche Kurz- und Koseform von Annemarie

Amy englische Kurz- und Koseform von Amata

A

Ana Kurzform von Anna

Anastasia *griechisch:* die Auferstandene. *Namenstag:* 25. Dezember

Andra Kurzform von Alexandra

Andrea weibliche Form von Andreas = *griechisch:* der Mannhafte. Im Italienischen auch als männlicher Vorname!

Andreana auch Andrejana, Andrijana; slawische Formen von Andrea

Andrée französische Form von Andrea

Anemone nach dem Blumennamen

Angela *griechisch-lateinisch:* Engel. *Namenstag:* 4. Januar, 27. Januar, 2. November

Angelia Weiterbildung von Angela

Angelika auch Angelica; *griechisch-lateinisch:* die Engelhafte. *Bekannte Namensträgerinnen:* Angelica Kauffmann, schweizerische Malerin; Angelika Milster, deutsche Sängerin

Angelina erweiterte Form von Angela; auch *italienisch:* die Engelgleiche. *Bekannte Namensträgerin:* Angelina, Gattin des serbischen Fürsten Stephan des Blinden. *Namenstag:* 10. Dezember

Angélique französische Form von Angelika

Aniela polnische Form von Angela

Anika (e) russische und bulgarische Koseformen von Anna

Aniska russische Koseform von Anna

Anita italienische und spanische Koseform von Anna. *Bekannte Namensträgerinnen:* Anita Kupsch, deutsche Schauspielerin; Anita Wachter, österreichische Skirennläuferin

Anja russische Form von Anna. *Bekannte Namensträgerinnen:* Anja Kruse, deutsche Schauspielerin; Anja Fichtel, deutsche Fechterin

Anjuschka russische Koseform von Anna

Anjuta bulgarische Kurzform von Anna

Anjutta Neubildung von Anna und Jutta

Anka slawische und ungarische Kurz- und Koseform von Anna

Anke niederdeutsche Kurzform von Anna. *Bekannte Namensträgerinnen:* Anke Fuchs, deutsche Politikerin; Anke Huber, deutsche Tennisspielerin

Ann englische Form von Anna

Anna *hebräisch:* die Begnadete; auch weibliche Form des alten deutschen männlichen Vornamens Anno = Kurzform von Vornamen, die mit „Arn-“ zusammengesetzt sind. *Bekannte Namensträgerinnen:* Anna Pawlowa, russische Ballerina; Anna Seghers, deutsche Schriftstellerin; Anna Magnani, italienische Schauspielerin. *Namenstag:* 9. Februar, 26. Juli

Annabella (e) auch Anabel; *lateinisch:* lieblich, liebreich

Anne auch Annie, Änne; Nebenformen von Anna. *Bekannte Namensträgerinnen:* Anne Brontë, englische Dichterin; Anne Frank, jüdisches Mädchen, bekannt durch ihr im Amsterdamer Versteck geschriebenes Tagebuch

Annedore Zusammensetzung aus Anna und Dorothea

Annegret Zusammensetzung aus Anna und Margarethe. *Bekannte Namensträgerin:* Annegret Richter, deutsche Leichtathletin

Annekatrin Zusammensetzung aus Anna und Katharina

Annele auch Anneli, Annerl; süddeutsche Koseformen von Anna

Anneliese Zusammensetzung aus Anna und Elisabeth. *Bekannte Namensträgerin:* Anneliese Rothenberger, deutsche Sängerin

Annelore Zusammensetzung aus Anna und Eleonore

Annemarie auch Annemarei, Annemie; Zusammensetzungen aus Anna und Marie. *Bekannte Namensträgerin:* Annemarie Renger, deutsche Politikerin

Annerose Zusammensetzung aus Anna und Rosa

Annette französische Koseform von Anne, Anna. *Bekannte Namensträgerinnen:* Annette von Droste-Hülshoff, deutsche Dichterin; Annette Bening, amerikanische Schauspielerin

Annika schwedische Koseform von Anna

Annina erweiterte Form von Anna

Annunciata *lateinisch-italienisch:* die Verheißene. Der Name bezieht sich auf das Fest Mariä Verkündigung am 25. März

Anouk auch Annouck, Anoucka; Kurzformen von Anuscha

Anselma weibliche Form von Anselm (*aus dem Althochdeutschen:* Gott und Helm)

Ansgard *germanisch:* Gott und Schutz

Antia romanische Kurzform von Antonia

Antje niederländische und friesische Kurz- und Koseform von Anna. *Bekannte Namensträgerin:* Antje Vollmer, deutsche Politikerin

Antoinette französische Koseform von Antonia. *Bekannte Namensträgerin:* Marie Antoinette, Gattin von Ludwig XVI.

Antonella italienische Koseform von Antonia

Antonia (e) *lateinisch:* Name der altrömischen Familie Antonia. *Namenstag:* 11. März

Antonina slawische Form von Antonia

Anuscha slawische Koseform von Anna

Anuschka slawische Koseform von Anna

Apollonia *griechisch:* die dem Gott Apoll Geweihte. *Namenstag:* 9. Februar, 31. Dezember

Arabella *wahrscheinlich lateinisch:*

A

die Araberin; oder *spanisch:* kleine Araberin. *Bekannte Namensträgerin:* Arabella Kiesbauer, österreichische Fernsehmoderatorin

Aret(h)a angloamerikanischer Vorname; *aus dem Griechischen:* die Vortreffliche. *Bekannte Namensträgerin:* Aretha Franklin, amerikanische Soul- und Gospelsängerin

Ariadne *griechisch:* die Ehrwürdige. *Namenstag:* 17. September

Ariane französische Form von Ariadne

Arietta *italienisch:* Liedchen

Arista *griechisch:* die Beste, Vornehmste

Arlene englischer Vorname; vielleicht vom keltischen „arlen" = Liebespfand, Kind

Arlette französischer Vorname normannischer Herkunft; vielleicht vom germanischen „hari" = Heer

Armanda italienische Form von Armande

Armande weibliche Form von Armand = französische Form von Hermann (*aus dem Althochdeutschen:* Heer und Mann, Krieger)

Armida (e) italienische Formen von Armanda

Arnalde Nebenform von Arnolde

Arndis nordischer Vorname; *aus dem Althochdeutschen:* Adler und Schutzgöttin

Arngard *aus dem Althochdeutschen:* Adler und Schutz

Arnolda (e) weibliche Formen von Arnold (*aus dem Althochdeutschen:* Adler und walten, herrschen

Arntraud *aus dem Althochdeutschen:* Adler und Kraft

Asja auch Assja, russische Koseformen von Anna oder Anastasia

Aspasia *griechisch:* die Willkommene, die Liebliche

Assunta *italienisch:* die in den Himmel Aufgenommene. Der Vorname bezieht sich auf Mariä Himmelfahrt am 15. August

Asta Kurzform von Anastasia, Astrid oder Augusta. *Bekannte Namensträgerin:* Asta Nielsen, dänische Schauspielerin. *Namenstag:* 10. August

Astrid *skandinavisch:* die Reiterin der Götter. *Bekannte Namensträgerin:* Astrid Lindgren, schwedische Schriftstellerin. *Namenstag:* 10. August

Athalia *hebräisch:* stark, erhaben ist Gott

Athanasia *griechisch:* die Unsterbliche

Audrey englischer Vorname; entspricht dem deutschen Adeltraud. *Bekannte Namensträgerinnen:* Audrey Hepburn, amerikanische Schauspielerin; Audrey Landers, amerikanische Schauspielerin

Augusta (e) *lateinisch:* die Erhabene, Erlauchte. *Bekannte Namensträgerin:* Augusta Viktoria, letzte deutsche Kaiserin. *Namenstag:* 27. März

Augustine erweiterte Form von Augusta

Aura rumänische Kurzform von Aurelia

Aurelia *lateinisch:* die Goldene, die Schöne. *Namenstag:* 13. Oktober, 15. Oktober

Aurica rumänische Form von Aura

Aurora *lateinisch:* Morgenröte

Auxilia *aus dem Lateinischen:* Hilfe, Beistand, Schutz

Ava Bedeutung ungeklärt; vielleicht *aus dem altsächsischen* „oval" = Kraft. *Bekannte Namensträgerin:* Ava Gardner, amerikanische Schauspielerin

Axinja vermutlich russische Nebenform von Xenia

Ayse *türkisch:* die Lebende

Azalie auch Azalea, Azalee; Pflanzenname

Babette auch Babett; französische Kurzformen von Barbara oder Elisabeth

Babichon französische Koseform von Barbara

Baltrun *aus dem Althochdeutschen:* kühn und Zauber

Banu *türkisch:* erhabene Dame

Barb(a)ra *griechisch:* die Fremde, die Barbarin. *Bekannte Namensträgerinnen:* Barbara Sukowa, deutsche Schauspielerin; Barbra Streisand, amerikanische Sängerin, Schauspielerin und Regisseurin; Barbara Auer, deutsche Schauspielerin; Barbara Rudnik, deutsche Schauspielerin; Barbara Wussow, deutsche Schauspielerin. *Namenstag:* 4. Dezember

Bärbel Kurz- und Koseform von Barbara. *Bekannte Namensträgerin:* Bärbel Schäfer, deutsche Fernsehmoderatorin

Barbey französische Form von Barbara

Barbro schwedische Form von Barbara

Barendina Nebenform von Berendina

Bastienne französische weibliche Kurzform von Sebastian (*griechisch:* der Ehrwürdige)

Bea Kurzform von Beate, Beatrice

Beate (a) *lateinisch:* die Glückliche. *Namenstag:* 8. März, 8. April, 29. Juni, 6. September

Beatrix auch Beatrice; *lateinisch:* die Beglückende. *Bekannte Namensträgerin:* Beatrix, Königin von Holland. *Namenstag:* 17. Januar, 12. März, 30. Juli, 29. August

Begonia eigentlich Namen einer Zierpflanze

Behiye *türkisch:* schöne Dame

Bele Kurzform von Berta, Gabriele, Elisabeth. *Bekannte Namensträgerin:* Bele Bachem, deutsche Künstlerin

Belina Nebenform von Belinda

Belinda englischer Vorname, Herkunft und Bedeutung ungeklärt

B

Bella *italienisch und spanisch:* die Schöne; Kurzform von Isabella, Arabella, Sibylla

Bellona *lateinisch:* die Göttin des Krieges

Benedetta italienische Form von Benedikta

Benedikta *lateinisch:* die Gesegnete

Benigna *lateinisch:* die Gütige

Benita spanische Form von Benedikta

Bent(j)e friesische und niederdeutsche Kurz- und Koseform von Benedikta

Beppa Kurz- und Koseform von Josephine

Berendina (e) niederdeutsche Kurzformen von Bernhardine

Berenike auch Berenice; *griechisch:* die Siegbringerin. *Namenstag:* 4. Oktober

Berit dänisch-schwedische Nebenform von Birgit

Berlinde *aus dem Althochdeutschen:* Bär und sanft, mild oder Schild

Bernadette französische Koseform von Bernarde. *Bekannte Namensträgerin:* Bernadette Soubirous, erlebte in Lourdes eine Marienerscheinung, heilig gesprochen. *Namenstag:* 18. Februar, 16. April

Bernarda (e) romanische Formen von Bernharda

Berngard *aus dem Althochdeutschen:* Bär und Schutz

Bernharda (e) auch Bernhardine; weibliche Formen von Bernhard (*aus dem Althochdeutschen:* Bär und stark)

Berta (e) auch Bertha; die Glänzende, Hehre; auch Kurzform von Alberta. *Bekannte Namensträgerin:* Bertha von Suttner, österreichische Schriftstellerin und Friedensnobelpreisträgerin. *Namenstag:* 1. Mai, 4. Juli, 28. November

Bertel Koseform von Berta; auch als männlicher Vorname!

Berthild (e) *aus dem Althochdeutschen:* glänzend und Kampf

Bertina (e) Kurzformen von Albertina

Bertlinde auch Bertlindis; *aus dem Althochdeutschen:* glänzend und sanft, mild

Bertraude *aus dem Althochdeutschen:* glänzend und Stärke

Bertrude Nebenform von Bertraude

Bertrun *aus dem Althochdeutschen:* glänzend und Zauber

Beryl englischer Vorname; eine Edelsteinart

Beryll deutsche Form von Beryl

Bess auch Bessy, Bessie, Betsy; englische Kurz- und Koseformen von Elisabeth; bekannt durch Gershwins Oper „Porgy and Bess“. *Bekannte Namensträgerin:* Bessie Smith, amerikanische Bluessängerin

Bethina Nebenform von Bettina

Betti (y) auch Bette; Kurz- und Koseformen von Elisabeth. *Be-*

kannte Namensträgerinnen: Bette Davis, amerikanische Schauspielerin; Bette Midler, amerikanische Sängerin und Schauspielerin

Bettina (e) Kurzformen von Elisabeth. *Bekannte Namensträgerin:* Bettina von Arnim, deutsche Schriftstellerin

Bianka auch Bianca; *italienisch:* die Weiße

Bibiana *lateinisch:* die Lebensvolle. *Namenstag:* 2. Dezember

Biddy Koseform von Brigitte

Biggi oberdeutsche Koseform von Brigitte

Bilke niederdeutsche Kurzform von Sibylle

Bill Koseform von Sibylle; auch als männlicher Vorname!

Billa (e) Kurz- und Koseformen von Elisabeth, Sibylle

Bine (a) Kurzformen von Sabine, Sabina

Bionda *italienisch:* die Blonde

Birga Nebenform zu Birgit

Birgit auch Birgitta, nordische Form von Brigitte. *Namenstag:* 23. Juli

Birke (a) neuerer deutscher Vorname nach dem Baumnamen

Birset Kurz- und Koseform von Brigitte

Birte skandinavische Kurzform von Birgit

Blanche *französisch:* die Weiße

Blanchette Verkleinerungsform von Blanche

Blanda auch Blandina; *lateinisch:* die Schmeichelnde, die Freundin. *Namenstag:* 2. Juni

Blanka *spanisch:* die Weiße. *Bekannte Namensträgerin:* heilige Blanka von Kastilien. *Namenstag:* 1. Dezember

Blonda Nebenform zu Bionda

Bogdana *slawisch:* Gottesgeschenk

Bona *lateinisch:* die Gute

Bonifatia *lateinisch:* die gutes Geschick Verheißende

Bonita *aus dem Spanischen:* die Schöne

Bozena *tschechisch:* Gottesgeschenk

Branca portugiesische Form von Blanka

Branka *slawisch:* Ruhm, Ehre

Brid auch Bride, Briddy; Kurz- und Koseformen von Brigitte

Bridget englische Form von Brigitte

Briga auch Brigga; Kurzformen von Brigitte

Brigida auch Brigide; lateinische Formen von Brigitta. *Namenstag:* 1. Februar

Brigitte (a) *altirisch:* die Tugendhafte, die Erhabene. *Bekannte Namensträgerinnen:* Brigitte Horney, deutsche Schauspielerin; Brigitte Bardot, französische Filmschauspielerin; Brigitte Nielsen, dänische Schauspielerin; Brigitte Mira, deutsche Schauspielerin. *Namenstag:* 23. Juli

Britta auch Brit, Britt; Kurzformen von Birgit, Brigitta

B C

Brunhild (e) *aus dem Althochdeutschen:* Panzer und Kampf

Bruni (a) Kurz- und Koseformen von Brundhild. *Bekannte Namensträgerin:* Bruni Löbel, deutsche Schauspielerin

Burga auch Burgel; Kurzformen von Vornamen, die mit „Burg-" oder „-burg" zusammengesetzt sind

Burghild (e) *aus dem Althochdeutschen:* Schutz und Kampf

Burgit Neubildung aus Namen mit „Burg-" und Birgit

Cäcilie (a) *lateinisch:* aus dem römischen Geschlecht der Caecilier. *Namenstag:* 4. Mai, 22. November

Caja dänische und schwedische Form von Kai

Calla schwedische Kurzform von Karoline

Camilla auch Kamilla; *lateinisch:* die Ehrbare. *Bekannte Namensträgerin:* Camilla Parker-Bowles, Lebensgefährtin des britischen Thronfolgers Prinz Charles

Candice *lateinisch:* glühend. *Bekannte Namensträgerin:* Candice Bergen, amerikanische Schauspielerin

Candida auch Kandida; *lateinisch:* die Glänzende, Reine, Lautere

Candie auch Candy; englische Koseformen von Candida

Caprice *französisch:* die Laune, der Einfall

Cara *lateinisch:* lieb, wert

Carda Kurzform von Richarda

Caren auch Karen; dänische und schwedische Formen von Karin

Carin Nebenform von Karin

Carina auch Karina; *italienisch:* die Hübsche. *Namenstag:* 7. November

Carissima auch Carisma, Charisma; *lateinisch:* die Allerliebste

Caritas auch Charitas; *lateinisch:* Nächstenliebe, Wohltätigkeit

Carla lateinische Form von Karla

Carlotta auch Carlota; italienische Form von Charlotte

Carmela spanische Nebenform von Carmen

Carmen *spanisch:* „Jungfrau Maria vom Berge Carmel"

Carmina (e) erweitere Form von Carmen

Carol englische Kurzform von Caroline; auch als männlicher Vorname!

Carola auch Karola; erweiterte Formen von Carla, Karla

Caroline auch Carolin, Karoline, Karolin; erweiterte Formen von Carola, Karola. *Bekannte Namensträgerinnen:* Caroline von Monaco, monegassische Prinzessin; Caroline Kennedy, Tochter des ermordeten amerikanischen Präsidenten J. F. Kennedy; Carolin Reiber, deutsche Fernsehmoderatorin

Carolyn englische Form von Caroline

Carry auch Carrie; englische Kurz- und Koseformen von Carola, Caroline

Carsta Nebenform von Karsta

Cassandra Nebenform von Kassandra

Catalina spanische Form von Katharina

Catarina Nebenform von Katharina

Caterina italienische Form von Katharina. *Bekannte Namensträgerin:* Caterina Valente, deutsche Schauspielerin und Sängerin

Cathérine französische Form von Katharina. *Bekannte Namensträgerin:* Cathérine Deneuve, französische Filmschauspielerin

Cathleen auch Kathleen; irische Formen von Katharina

Catia auch Cathia; romanische Formen von Käthe

Cécile französische Form von Cäcilie

Cecily englische Form von Cäcilie

Celestina italienische Form von Cölestina

Célestine französische Form von Cölestina

Celia Kurzform von Cäcilie

Celina erweiterte Form von Celia oder Kurzform von Marceline

Céline französische Form von Cäcilie oder von Marceline

Cella auch Zella; Kurz- und Koseformen von Marcella

Centa Kurzform von Vincenta

Chantal *französisch:* die Singende; nach dem Ehenamen der Jeanne Françoise Frémiot de Chantal; Ordensstifterin der Salesianerinnen

Charis *griechisch:* Anmut, Huld, Liebreiz

Charlotta schwedische Form von Charlotte

Charlotte *französisch:* weibliche Form von Charles, Karl (*aus dem Althochdeutschen:* freier Mann). *Bekannte Namensträgerinnen:* Charlotte von Stein, Freundin und Födererin von J. W. Goethe in Weimar; Charlotte Brontë, englische Schriftstellerin; Charlotte Rampling, englische Schauspielerin. Namenstag: 17. Juli

Charmaine *französisch:* die Charmante

Chiara italienische Form von Klara. *Bekannte Namensträgerin:* Chiara Mastroianni, italienisch-französische Schauspielerin

Chiarella italienische Koseform von Klara

Chilja russische Koseform von Rachil

Chloe *griechisch:* junges Grün, junger Baum

Chlorinde erweiterte Form von Chloe und Chloris

Chloris erweiterte Form von Chloe

Chris auch Chrissy; Kurz- und Koseformen von Christiane. *Bekannte Namensträgerin:* Chris

Evert, amerikanische Tennisspielerin. Chris auch als männlicher Vorname!

Chrischona wahrscheinlich rätoromanische Form von Christa

Christa Kurzform von Christiane. *Bekannte Namensträgerin:* Christa Wolf, deutsche Schriftstellerin

Christel süddeutsche Koseform von Christiane

Christiane (a) *griechisch-lateinisch:* Christi Anhängerin. *Bekannte Namensträgerinnen:* Christiane Vulpius, Ehegattin von J. W. Goethe; Christiane Hörbiger, österreichische Schauspielerin; Christiane Herzog, Ehefrau des Bundespräsidenten Roman Herzog. *Namenstag:* 22. Juni, 24. Juli, 26. Juli, 6. November, 29. November

Christine (a) Nebenformen von Christiane. *Bekannte Namensträgerinnen:* Christine, Königin von Schweden; Christine de Pisan, französische Dichterin; Christine Kaufmann, deutsche Schauspielerin. *Namenstag:* 24. Juli

Cibilla Nebenform zu Sibylle

Cicely englische Form von Cäcilie

Cilla auch Cilli, Cilia, Cilly, Zilli; Kurz- und Koseformen von Cäcilie

Cinderella *französisch, englisch:* Aschenputtel

Cindy englische Kurzform von Cinderella oder Cynthia. *Bekannte Namensträgerin:* Cindy Crawford, amerikanisches Fotomodell

Cissi auch Cissy, Dissy, Zissi; Kurz- und Koseformen von Franziska und Cecily

Cita auch Zita; *italienisch:* die Hurtige

Claartje niederländisch-friesische Form von Klara

Claire französische und englische Form von Klara. *Bekannte Namensträgerin:* Claire Waldoff, deutsche Kabarettistin und Schauspielerin

Clara auch Klara; *lateinisch:* die Helle, Glänzende. *Bekannte Namensträgerinnen:* Clara Schumann, deutsche Pianistin und Komponistin; Clara Zetkin, deutsche Politikerin, Initiatorin der sozialistischen Frauenbewegung. *Namenstag:* 11. August

Clare englische Form von Klara

Clarissa (e) auch Klarissa; erweiterte Formen von Clara, Klara

Clarita spanische Koseform von Klara

Claude französische Form von Claudia; auch als männlicher Vorname!

Claudette französische Verkleinerungsform von Claude

Claudia auch Klaudia; römischer Sippenname; eigentlich: die Hinkende. *Bekannte Namensträgerinnen:* Claudia Cardinale, italienische Filmschauspielerin; Claudia Leistner, deutsche Eiskunstläuferin; Claudia Schiffer, deutsches Modell. *Namenstag:* 2. Januar, 20. März, 18. Mai, 18. August, 15. Dezember, 27. Dezember

Claudine französische Form von Claudia

Claudinette französische erweiterte Form von Claudine

Clementia auch Klementia; *lateinisch:* Gnade, Mildtätigkeit

Clementine (a) auch Klementine; erweiterte Formen von Clementia

Clio auch Klio; *griechisch:* die Rühmerin

Clivia *lateinisch;* Amaryllisgewächs

Clothilde auch Klothilde; *aus dem Althochdeutschen:* berühmt und Kampf

Cölestina (e) *lateinisch:* die Himmlische

Coletta (e) Kurz- und Koseformen von Nicoletta. *Bekannte Namensträgerin:* Colette (eigentlich: Sidonie Gabrielle Colette), französische Schriftstellerin

Columba auch Columbina, Kolomba; *lateinisch:* die Taube

Concordia *lateinisch:* Eintracht

Conni auch Connie, Conny; Koseformen von Cornelia, Constanze. *Bekannte Namensträgerin:* Conny Francis (eigentlich: Constance Franconero), amerikanische Sängerin und Schauspielerin. Auch als männlicher Vorname!

Consilia *aus dem Lateinischen:* Ratgeberin

Constanca italienische Form von Konstanze

Constance englische und französische Form von Konstanze. *Namenstag:* 18. Februar, 25. Februar, 25. Juni

Constanze Nebenform von Konstanze; *lateinisch:* die Beständige. *Bekannte Namensträgerin:* Constanze Weber, Ehefrau von Wolfgang Amadeus Mozart

Cora Nebenform von Kora

Coralie *niederländisch:* die Perle, die Koralle

Cordelia auch Kordelia; Nebenformen von Cordula

Cordula auch Kordula; *lateinisch:* Herzchen. *Namenstag:* 22. Oktober

Coretta (e) erweiterte Formen von Cora

Corina spanische, italienische und portugiesische Form von Corinna

Corinna auch Korinna; *griechisch:* Jungfrau, Mädchen. *Bekannte Namensträgerin:* Corinna Schumacher, Ehefrau des Autorennfahrers Michael Schumacher

Corinne französische Form von Corinna

Cornelia auch Kornelia; römischer Sippenname. *Bekannte Namensträgerin:* Cornelia Froboess, deutsche Schauspielerin, früher Schlagersängerin, heute Charakterdarstellerin. *Namenstag:* 31. März, 14. April, 20. April

Cornell englische Form von Cornelia

C D

Corny englische Kurz- und Koseform von Cornelia

Corona auch Korona; *lateinisch:* der Kranz, die Krone. *Namenstag:* 14. Mai

Cosima auch Kosima; italienischer Vorname griechischer Herkunft: die Sittsame, Ordnungsliebende. *Bekannte Namensträgerin:* Cosima Wagner, Ehegattin von Richard Wagner

Costanza italienische Form von Konstanze

Crescentia Nebenform von Kreszentia; *lateinisch:* die Wachsende

Cristina italienische Form von Christine. *Bekannte Namensträgerin:* Prinzessin Cristina Federica Victoria Antonia della Santisima Trinidad von Bourbon und Griechenland

Cynthia *griechisch-lateinisch:* das Mädchen vom Berge Kynthos

Cyra Nebenform von Kyra

Daggi (e) Koseformen von Dagmar

Dagmar *dänisch:* die durch den Tag Berühmte. *Bekannte Namensträgerin:* Dagmar Berghoff, deutsche Fernsehmoderatorin. *Namenstag:* 24. Mai

Dagny *nordisch:* neuer Tag

Daisy *englisch:* Maßliebchen, Gänseblümchen; auch Kurzform von Margarethe

Dalila auch Dahlia; *hebräisch:* die Wellenlockige oder die Schmachtende. *Bekannte Namensträgerin:* Daliah Lavi, israelische Sängerin und Schauspielerin

Dana auch Dania, Danja; Kurzformen von Daniela. *Bekannte Namensträgerin:* Dana Vávrová, Schauspielerin und Regisseurin

Daniela *hebräisch:* Gott ist mein Richter

Daniella italienische Form von Daniela

Danielle französische Form von Daniela. *Bekannte Namensträgerin:* Danielle Darrieux, französische Filmschauspielerin

Danja slawische Koseform von Daniela

Danuta polnische Form von Daniela

Dany auch Danny; französische Kurzformen von Daniela; auch als männliche Vornamen!

Daphne auch Dafne; *griechisch:* Lorbeer. *Bekannte Namensträgerin:* Daphne du Maurier, englische Schriftstellerin

Daria *lateinisch:* die Mächtige, die Besitzerin, Schützerin. *Namenstag:* 25. Oktober

Darja russische Form von Daria

Davida weibliche Form von David (*hebräisch:* der Geliebte, Liebling)

Davina englische Nebenform von Davida

Dawn *englisch:* Tagesanbruch, Morgendämmerung

Deba Kurzform von Debora

Debora (h) *hebräisch:* die Biene, die Fleißige. *Bekannte Namensträgerin:* Deborah, Richterin und Prophetin im alten Israel. *Namenstag:* 21. September

Debra englische Kurzform von Debora

Delia *griechisch:* das Mädchen von der Insel Delos

Delila (h) Nebenformen von Dalila

Denise französischer Vorname *aus dem Griechisch-Lateinischen:* dem Gott Dionysos geweiht. *Bekannte Namensträgerin:* Denise Bielmann, schweizerische Eiskunstläuferin. *Namenstag:* 6. Dezember

Deodota *lateinisch:* die von Gott Gegebene

Desideria *lateinisch:* die Ersehnte

Désirée französische Form von Desideria. *Bekannte Namensträgerin:* Désirée Nosbusch, luxemburgische Fernsehmoderatorin und Schauspielerin

Diana (e) *lateinisch:* Name der römischen Göttin der Jagd. *Bekannte Namensträgerinnen:* Diana Ross, amerikanische Sängerin; Diane Keaton, amerikanische Schauspielerin; Diana, Prinzessin von Wales. *Namenstag:* 10. Juni

Dido nach dem Namen der sagenhaften Gründerin Karthagos

Dieta auch Deta, Didda, Dietke, Dita; Kurzformen von Vornamen, die mit „Diet-“ zusammengesetzt sind

Dietberga *aus dem Althochdeutschen:* Volk und Schutz

Diethild (e) *aus dem Althochdeutschen:* Volk und Kampf

Dietlind (e) *aus dem Althochdeutschen:* Volk und sanft, mild oder Schild. *Namenstag:* 22. Januar

Dilia Kurz- und Koseform von Odilia

Dina (h) Kurz- und Koseformen von Namen, die mit „-dina“, „-dine“, „-tina“ oder „-tine“ zusammengesetzt sind; oder *hebräisch:* die Richterin

Diotima *griechisch:* die Gott (Zeus) Geweihte

Dodo Koseform von Dorothea

Dolly englische Kurzform von Dorothy, Dorothea. *Bekannte Namensträgerin:* Dolly Parton, amerikanische Sängerin und Schauspielerin

Dolores *spanisch:* „Maria de los Dolores“ (Maria der Schmerzen); ursprünglich lateinisch. Aus religiöser Ehrfurcht wurde Dolores stellvertretend für Maria als Taufname vergeben. *Namenstag:* 15. September

Domenica italienische Form von Dominika

Dominika *lateinisch:* Gott geweiht. *Namenstag:* 5. August

Dominique französische Form von Dominikia; in der Schweiz auch als männlicher Vorname!

Domka auch Domna; slawische Formen von Dominika

D E

Donate (e) *lateinisch:* die von Gott Geschenkte

Doortje niederdeutsche und niederländische Koseform von Dorothea

Dora (e) Kurzformen von Dorothea, Theodora

Doreen englische Kurz- und Koseform von Dorothy, Dorothea

Dorel oberdeutsche Koseform von Dora

Dorett (e) französische Kurz- und Koseformen von Dorothée, Dorothea

Doriet Nebenform von Dorit

Dorina erweiterte Form von Dora

Doris auch Dorke, Dorle, Doro; Kurz- und Koseformen von Dorothea. *Bekannte Namensträgerinnen:* Doris Day, amerikanische Schauspielerin; Doris Lessing, englische Schriftstellerin; Doris Dörrie, deutsche Filmregisseurin

Dorit (a) auch Dorrit; Kurzformen von Dorothea

Dorothea *griechisch:* Geschenk Gottes. *Bekannte Namensträgerin:* Dorothea Schlegel, Tochter von M. Mendelssohn und Ehegattin von Friedrich Schlegel. *Namenstag:* 6. Februar, 25. Juni

Dorothée französische Form von Dorothea

Dorothy englische Form von Dorothea. *Bekannte Namensträgerin:* Dorothy Sayers, englische Schriftstellerin

Dorte auch Dörte, Dortje, Dürte; norddeutsche Kurz- und Koseformen von Dorothea

Dory englische Koseform von Dorothea

Draginja *slawisch:* lieb, teuer

Dunja slawische Kurzform von Eudokia. *Bekannte Namensträgerin:* Dunja Rajter, jugoslawische Schauspielerin und Sängerin

Edda auch Eda, Kurzformen von Vornamen, die mit „Ed-“ zusammengesetzt sind

Edelburga *aus dem Althochdeutschen:* edel und Schutz

Edelgard (t) auch Adalgard; *aus dem Althochdeutschen:* edel und Schutz

Edelinde Nebenform von Adelinde

Edeltraud (t) auch Edeltrud; *aus dem Althochdeutschen:* edel und Stärke. *Namenstag:* 23. Juni

Edina ungarischer Vorname, Bedeutung ungeklärt; wahrscheinlich nach Edwardina

Edith (a) *aus dem Englischen:* Kämpferin für den angestammten Besitz. *Bekannte Namensträgerinnen:* Edith Piaf, französische Chansonsängerin; Edith Stein, deutsche Philosophin. *Namenstag:* 16. September, 8. Dezember

Edla schwedische Kurzform von Vornamen, die mit „Edel-“ zusammengesetzt sind

Edna *hebräisch:* Lust, Entzücken,

die Angenehme. *Bekannte Namensträgerin:* Edna Ferber, amerikanische Schriftstellerin

Edvige italienische Form von Hedwig

Edwardina (e) weibliche Formen von Edward (*angelsächsisch:* Besitz und Hüter, Schützer)

Effi Kurz- und Koseform von Elfriede

Ehrentraud (t) auch Erntrud, Erentrude; *aus dem Niederdeutschen:* Adler und Kraft, Stärke

Eike niederdeutsche Kurzform von Vornamen, die mit „Adel-", „Edel-", „Eg-" oder „Eck-" zusammengesetzt sind; auch als männlicher Vorname!

Eikea Nebenform von Eike

Eileen englische Nebenform von Helene oder Evelyn

Eiltraud *aus dem Althochdeutschen:* Schwert und Stärke

Ela Kurz- und Koseform von Elisabeth

Elektra *griechisch:* die Strahlende

Elena italienische und spanische Form von Helene

Eleonor (a, e) *arabisch:* Gott ist mein Licht. *Bekannte Namensträgerinnen:* Eleonora Duse, italienische Schauspielerin; Eleonore von Österreich, Übersetzerin und Kunstfördererin am Innsbrucker Hof

Elfgard *aus dem Althochdeutschen:* Elfe und Schutz

Elfi (e) Kurzformen von Vornamen, die mit „Elf-" zusammengesetzt sind. *Bekannte Namensträgerin:* Elfi Graf (eigentlich: Elfriede Sepp), österreichische Sängerin

Elfriede (a) *aus dem Althochdeutschen:* edel oder Elfe und Friede. *Bekannte Namensträgerin:* Elfriede Jelinek, österreichische Schriftstellerin. *Namenstag:* 20. Mai, 8. Dezember

Elga Nebenform von Helga

Elgard Nebenform von Edelgard

Eliane französischer Vorname; *hebräisch:* Jahwe ist mein Gott

Elida Herkunft und Bedeutung ungeklärt; vielleicht *aus dem Isländischen:* schnell segelndes Schiff

Eliette französische weibliche Koseform von Elia (*hebräisch:* Jahwe ist mein Gott). *Bekannte Namensträgerin:* Eliette von Karajan, Ehefrau des Dirigenten Herbert von Karajan

Elin (a) dänische und schwedische Form von Helene

Elisa (e) Kurzformen von Elisabeth

Elisabeth *hebräisch:* Gott ist mein Eid. *Bekannte Namensträgerinnen:* Elisabeth Langgässer, deutsche Schriftstellerin; Elisabeth Bergner, österreichische Filmschauspielerin; Elisabeth Flickenschild, deutsche Schauspielerin; Elisabeth Schwarzkopf, deutsche Sopranistin; Elisabeth Volkmann, deutsche Schauspielerin. *Namenstag:* 20. Januar, 3. April, 19. Juni, 4. Juli, 19. November

E

Elisabetta italienische Form von Elisabeth

Elizabeth englische Form von Elisabeth. *Bekannte Namensträgerinnen:* Elizabeth II., Königin von Großbritannien seit 1952; Elizabeth Taylor, englisch-amerikanische Schauspielerin

Elizaveta russische Form von Elisabeth

Elke (a) friesisch-niederdeutsche Kurz- und Koseformen von Adelheid. *Bekannte Namensträgerinnen:* Elke Sommer, deutsche Schauspielerin; Elke Heidenreich, deutsche Journalistin und Fernsehmoderatorin

Ella (i, y) Kurz- und Koseformen von Elisabeth, Eleonore, Elvira, Elfriede. *Bekannte Namensträgerin:* Ella Fitzgerald, amerikanische Sängerin

Ellen Kurzform von Helene, Eleonore. *Bekannte Namensträgerinnen:* Ellen Kessler, deutsche Tänzerin; Ellen Barkin, amerikanische Schauspielerin

Ellinor englische Form von Eleonore

Elmira spanischer Name arabischer Herkunft: die Fürstin

Elsa auch Else, Elseke, Elsi, Elsie; Kurz- und Koseformen von Elisabeth. *Bekannte Namensträgerinnen:* Else Lasker-Schüler, deutsche Schriftstellerin; Elsa Brandström, schwedische Philanthropin, „Engel von Sibirien"; Elsa Morante, italienische Schriftstellerin

Elsbeth Kurzform von Elisabeth

Elsike niederdeutsche Koseform von Elisabeth

Elvira spanischer Vorname gotischer Herkunft: die den Besitz Bewahrende. *Bekannte Namensträgerin:* Elvira Bach, deutsche Malerin. *Namenstag:* 16. Juli, 22. Juli, 25. August

Elzbieta polnische Form von Elisabeth

Emanuela *hebräisch:* Gott mit uns. *Namenstag:* 9. Oktober

Emerald englische Form von Esmeralda

Emerentia auch Emerenz; *lateinisch:* die Verdiente

Emerita *lateinisch:* die Würdige

Emilia (e) *lateinisch:* aus dem Geschlecht der Aemilier, die Eifrige. *Namenstag:* 5. Januar, 17. Februar, 2. Juni, 19. August

Emily englische Form von Emilia. *Bekannte Namensträgerin:* Emely Jane Brontë, englische Schriftstellerin

Emma Kurzform von Vornamen, die mit „Erm-" oder „Irm-" zusammengesetzt sind. *Bekannte Namensträgerin:* Emma Thompson, amerikanische Schauspielerin. *Namenstag:* 19. April, 27. Juni, 3. Dezember

Emmeline neuere Form von Ameline

Emmy (i) Koseformen von Emma

Enid *irisch:* kleines Feuer. *Bekannte Namensträgerin:* Enid Blyton, britische Kinderbuchautorin

Eos *griechisch:* die Morgenröte

Ephrosine Nebenform von Euphrosine

Erda Name der germanischen Erdgöttin

Erica Nebenform von Erika. *Bekannte Namensträgerin:* Erica Jong, amerikanische Schriftstellerin

Erika *aus dem Nordischen:* die nach Gesetz und Recht Herrschende; auch nach dem Heidekraut gedeutet. *Bekannte Namensträgerinnen:* Erika Mann, deutsche Schauspielerin und Schriftstellerin; Erika Köth, deutsche Opern- und Konzertsängerin; Erika Pluhar, österreichische Sängerin und Schauspielerin

Erna (e, i) Kurzformen von Ernesta, Ernestine. *Bekannte Namensträgerin:* Erna Berger, deutsche Sängerin. Erni auch als männlicher Vorname!

Ernesta weibliche Form von Ernst (*aus dem Althochdeutschen:* Ernst, Entschlossenheit)

Ernestine erweiterte Form von Ernesta. *Namenstag:* 14. April

Erzsébet ungarische Form von Elisabeth

Esmeralda *spanisch:* Smaragd, Edelstein

Estella (e) spanische und französische Formen von Stella

Esther *hebräisch:* junge Frau oder Myrte. *Bekannte Namensträgerinnen:* Esther Williams, amerikanische Schauspielerin; Esther Schweins, deutsche Schauspielerin und Komikerin

Estrella spanische Form von Stella

Estrid nordische Nebenform von Astrid

Etta Nebenform von Edda oder Kurzform von Henrietta, Marietta

Eudokia *griechisch:* die Geachtete, Hochgeschätzte

Eugenie (a) *griechisch:* die Wohlgeborene. *Bekannte Namensträgerin:* Eugenie Marlitt (eigentlich: Eugenie John), deutsche Schriftstellerin. *Namenstag:* 26. September

Eulalia (e) *griechisch:* die Wohlredende, Beredte. *Namenstag:* 10. Dezember

Euphemia *griechisch:* die Verheißung von Glück

Euphrosine *griechisch:* die Heiterkeit

Ev Kurzform von Eva

Eva (e, i) *hebräisch:* Leben, die Lebenspendende. *Bekannte Namensträgerinnen:* Eva Lind, österreichische Opernsängerin; Eva Mattes, deutsche Schauspielerin. *Namenstag:* 11. Februar, 14. März, 30. August, 6. September, 24. Dezember

Evamaria Zusammensetzung aus Eva und Maria

E F

Evelyn auch Eveline; englische Vornamen; erweiterte Formen von Ava oder Eva. *Bekannte Namensträgerin:* Evelyn Künneke, deutsche Schauspielerin und Sängerin

Evita spanische Koseform von Eva. *Bekannte Namensträgerin:* Eva Duarte de Péron, genannt „Evita", argentinische Politikerin; außerdem bekannt geworden durch das Musical „Evita" von Andrew Lloyd Webber

Fabia *lateinisch:* römischer Sippenname = die Bohnenzüchterin

Fabiane erweiterte Form von Fabia

Fabienne französische Form von Fabiane

Fabiola erweiterte Form von Fabia. *Namenstag:* 27. Dezember

Fanchon französische erweiterte Form von Fanny

Fanni auch Fan, Fanny; Kurzformen von Stephanie und Franziska. *Bekannte Namensträgerinnen:* Fanny Lewald, deutsche Schriftstellerin; Fanny Elßler, österreichische Baletttänzerin; Fanny Ardant, französische Schauspielerin

Farah *arabisch:* die Freude, die Lustbarkeit. *Bekannte Namensträgerinnen:* Farah Diba, Ehegattin des ehemaligen persischen Schahs; Farrah Fawcett, amerikanische Filmschauspielerin

Faralda auch Farahilda, Farhilde; *aus dem Althochdeutschen:* fahren und Kampf

Fatima (e) *arabisch:* Name der jüngsten Tochter Mohammeds

Fausta auch Faustina, Faustine; *lateinisch:* die Glückliche

Fee Kurz- und Koseform von Felizitas

Fei Koseform von Sofia

Felicity englische Form von Felizitas

Felipa spanische Form von Philippa

Felizia auch Felicia; *lateinisch:* die Glückliche

Felizitas auch Felicitas; *lateinisch:* das Glück. *Namenstag:* 6. März, 23. November

Fenella *gälisch:* die Weißschultrige

Fenja niederdeutsch-friesische Kurzform von Vornamen, die mit „Frede-" zusammengesetzt sind

Fenna (e) niederdeutsch-friesische und niederländische Kurz- und Koseform von Vornamen, die mit „Frede-" zusammengesetzt sind

Feodora russische Form von Theodora

Ferdinande (a) *germanisch:* die kühne Beschützerin

Fernanda (e) Nebenformen von Ferdinande

Fia Kurzform von Sofia

Fidelia *lateinisch:* die Treue

Fides *lateinisch:* der Glaube

Filippa italienische Form von Philippa

Fine (a) auch Fiene, Finni; Kurz-

und Koseformen von Josefine, Seraphine

Finette erweiterte Form von Fine

Fiona *vermutlich gälisch:* schön, weiß

Fiora italienische Form von Flora

Fioretta italienische Nebenform von Floretta

Firmina *lateinisch:* die Standhafte

Flavia *lateinisch:* die Blonde

Fleur französische Form von Flora

Fleuretta französische Form von Floretta

Flora *lateinisch:* die Blume, die Blüte. *Namenstag:* 29. Juli, 22. Oktober, 24. November

Florentine (a) *lateinisch:* die Blühende

Florenze auch Florence; *lateinisch:* die Blühende. *Bekannte Namensträgerin:* Florence Nightingale, englische Krankenpflegerin

Floretta (e) Verkleinerungsform von Flora

Floria Nebenform von Flora

Floriane *lateinisch:* die Blühende

Fortuna *lateinisch:* Name der römischen Schutz- und Glücksgöttin

Fortunata *lateinisch:* die Gesegnete, die Glückliche

Framgard *germanisch:* tüchtig und Schützerin

Franca Nebenform von Franka. *Bekannte Namensträgerin:* Franca Magnani, italienische Publizistin und Fernsehmoderatorin

Frances englische Form von Franziska

Francesca italienische Form von Franziska

Françoise französische Form von Franziska. *Bekannte Namensträgerin:* Françoise Sagan, französische Schriftstellerin

Franeka slawische Koseform von Franziska

Franka weibliche Form von Frank (*aus dem Althochdeutschen:* der Freie, der Franke; auch Kurzform von Franziskus). *Namenstag:* 25. April, 22. Oktober

Franziska *lateinisch:* die Freie, die aus Franken Stammende. *Bekannte Namensträgerinnen:* Franziska Menke, deutsche Sängerin und Produzentin; Franziska van Almsick, deutsche Schwimmerin. *Namenstag:* 6. März, 9. März, 14. Dezember

Frauke niederdeutsch-friesische Kurzform von Veronika; Koseform von Frau, Herrin

Freda Kurzform von Vornamen, die mit „Fried-“ oder „-fried“ zusammengesetzt sind

Frédérique französische Form von Friederike

Freia auch Freya; *altnordisch:* Herrin, die Freie; Name der germanischen Göttin der Ehe und Fruchtbarkeit

Fricka Kurzform von Friederike

Frieda (e) auch Frida; Kurzformen von Vornamen, die mit „Fried-“ oder „-friede“ zusammengesetzt sind

F G

Friedburg *aus dem Althochdeutschen:* Friede und Schutz

Friedel Koseform von Frieda und Elfriede; auch als männlicher Vorname!

Friederike (a) weibliche Formen von Friedrich (*aus dem Althochdeutschen:* Friede und reich, mächtig). *Bekannte Namensträgerin:* Friederike Brion, die Jugendliebe von J. W. Goethe

Friedlinde *aus dem Althochdeutschen:* Friede und sanft, mild oder Schild

Friedrun *aus dem Althochdeutschen:* Friede und Zauber

Frigga niederdeutsche Kurzform von Friederike; *auch altnordisch:* die Gattin, die Geliebte

Fritzi auch Frizzi; Kurz- und Koseformen von Friederike. *Bekannte Namensträgerin:* Fritzi Massary (eigentlich: Friderike Massary), österreichische Sängerin und Schauspielerin

Fronika Koseform von Veronika

Fryderyka polnische Form von Friederike

Gabi (y) Kurz- und Koseformen von Gabriele. *Bekannte Namensträgerin:* Gaby Dohm, deutsche Schauspielerin

Gabriela portugiesische und spanische Form von Gabriele. *Bekannte Namensträgerin:* Gabriela Sabatini, argentinische Tennisspielerin

Gabriele weibliche Form von Gabriel (*hebräisch:* Mann Gottes). *Bekannte Namensträgerinnen:* Gabriele Münter, deutsche Malerin; Gabriele Wohmann, deutsche Schriftstellerin; Gabriele Seyfert, deutsche Eiskunstläuferin. *Namenstag:* 18. Januar, 24. März, 17. Juli. In Italien auch als männlicher Vorname!

Gabriella italienische und ungarische Form von Gabriele

Gabrielle französische Form von Gabriele. *Bekannte Namensträgerin:* Gabrielle Chantal, französische Modeschöpferin

Galla *lateinisch:* die Gallierin

Garda (e) friesische Formen von Gerda

Gawrila russische Form von Gabriele

Geelke niederdeutsche Koseform von Gela

Geerta niederländische Form von Gerda

Gela auch Geelke, Gele; Kurz- und Koseformen von Gertrud, Angela

Geli Kurz- und Koseform von Angelika

Gelja russische Kurz- und Koseform von Angelika

Gemma *lateinisch:* Edelstein

Geneviève französische Form von Genoveva

Genia Kurz- und Koseform von Eugenia

Genoveva auch Genovefa; ursprünglich gälischer Vorname: Volk und Frau. *Namenstag:* 3. Januar, 26. November

Georgette französische Form von Georgia

Georgia auch Georgine; *griechisch:* die Bäuerin, die Landfrau. *Namenstag:* 15. Februar

Gera Kurzform von Vornamen, die mit „Ger-“ zusammengesetzt sind

Geralde *aus dem Althochdeutschen:* Speer und walten

Geraldine erweiterte Form von Geralde. *Bekannte Namensträgerin:* Geraldine Chaplin, amerikanische Schauspielerin

Gerburg *aus dem Althochdeutschen:* Speer und Schutz

Gerda *nordisch:* die Schützerin, Hüterin; auch Kurzform von Gertrud

Gerde (i) Nebenformen von Gerda

Gerharde (a) weibliche Formen von Gerhard (*aus dem Althochdeutschen:* Speer und hart)

Gerhardine erweiterte Form von Gerharde

Gerhild (e) *aus dem Althochdeutschen:* Speer und Kampf

Gerke niederdeutsche Kurz- und Koseform von Gertrud

Gerlind (e) *aus dem Althochdeutschen:* Speer und sanft, mild oder Schild. *Namenstag:* 3. Dezember

Germaine französischer Vorname lateinischer Herkunft: die Germanin

Gerrit auch Gerit; friesische Kurzform von Gerharde; auch als männlicher Vorname!

Gerta (i) Nebenformen von Gerda

Gertrud auch Gertraud, Gertrude, Gertrudis; *aus dem Althochdeutschen:* Speer und Stärke. *Bekannte Namensträgerinnen:* Gertrud von Le Fort, deutsche Schriftstellerin; Gertrud Bäumer, deutsche Frauenrechtlerin und Schriftstellerin; Gertrud Fussenegger, österreichische Schriftstellerin; Gertrude Stein, amerikanische Schriftstellerin. *Namenstag:* 6. Januar, 17. März, 13. August, 17. November

Gerwine *aus dem Althochdeutschen:* Speer und Freundin

Gesa (e) niederdeutsch-friesische Kurzformen von Gertrud und anderen Vornamen, die mit „Ger-“ zusammengesetzt sind

Gesine (a) erweiterte Formen von Gesa

Gianna italienische Kurzform von Johanna. *Bekannte Namensträgerin:* Gianna Nannini, italienische Popsängerin

Gila Kurzform von Gisela; *auch hebräisch:* Freude, Glück. *Bekannte Namensträgerin:* Gila von Weitershausen, deutsche Schauspielerin

Gilda auch Gilta; italienische Kurzformen von Hilde

Gilla schwedische Kurzform von Gisela

G

Gillian englische Form von Juliane; auch als männlicher Vorname!

Gina (e) Kurz- und Koseformen von Regina. *Bekannte Namensträgerin:* Gina Lollobrigida, italienische Filmschauspielerin und Fotografin

Ginette französische Koseform von Geneviève

Gioconda *lateinisch:* die Angenehme. *Bekannte Namensträgerin:* Gioconda Belli, nicaraguanische Schriftstellerin

Giovanna italienische Form von Johanna

Gisa Kurzform von Vornamen, die mit „Gis-" zusammengesetzt sind

Gisela *germanisch:* Spross; oder *aus dem Althochdeutschen:* Geisel, aus edlem Geschlecht. *Bekannte Namensträgerinnen:* Gisela Schlüter, deutsche Kabarettistin; Gisela Uhlen, deutsche Filmschauspielerin. *Namenstag:* 13. Februar, 7. Mai

Giseltraud auch Gistraud, Gistrud; *germanisch:* Spross und Stärke

Gislind (e) *germanisch:* Spross und *aus dem Althochdeutschen:* sanft, mild oder Schild

Gitta (e) Kurz- und Koseformen von Brigitta, Brigitte, Birgitta. *Bekannte Namensträgerin:* Gitte Haenning, dänische Sängerin

Giulietta italienische Koseform von Julia. *Bekannte Namensträgerin:* Giulietta Masina, italienische Schauspielerin

Gladys englischer Vorname irischer Herkunft; vielleicht von Claudia

Gloria *lateinisch:* Ruhm, Ehre. *Bekannte Namensträgerin:* Gloria von Thurn und Taxis, deutsche Fürstin

Gönül *türkisch:* Herz, Seele

Golda *jiddisch:* die Goldene

Gosta Kurzform von Augusta

Gotlind auch Gotelind, Godelind, Godelinde; *aus dem Althochdeutschen:* Gott und sanft, mild oder Schild

Grace englische Form von Gratia. *Bekannte Namensträgerinnen:* Grace Kelly, der Geburtsname der späteren Fürstin Gracia Patricia von Monaco; Grace Bumbry, amerikanische Mezzosopranistin

Gracia spanische und niederländische Form von Gratia. *Bekannte Namensträgerin:* Gracia Patricia, Fürstin von Monaco

Gratia auch Gracia, Grazia; *lateinisch:* die Anmutige, die Graziöse. *Namenstag:* 9. Juni

Graziella italienische erweiterte Form von Gratia

Greet auch Greetje; niederdeutsche Kurz- und Koseformen von Margarethe

Greta schwedische Kurzform von Margarete. *Bekannte Namensträgerin:* Greta Garbo, schwedische Filmschauspielerin

Grete auch Grethe, Gretel, Gretchen, Gretje, Grit, Griet, Gritt, Grita; Kurzformen von Margarete. *Bekannte Namensträgerin:* Grethe Weiser, deutsche Schauspielerin

Griselda (e) italienische Vornamen vermutlich germanischer Herkunft, Sand und Kampf

Grit auch Gritt, Gritta; Kurz- und Koseform von Margarete. *Bekannte Namensträgerin:* Grit Böttcher, deutsche Schauspielerin

Guda Kurzform von Gudrun

Gudrun (e) *aus dem Althochdeutschen:* Gott und Geheimnis, Zauber. *Bekannte Namensträgerin:* Gudrun Landgrebe, deutsche Schauspielerin

Gudula erweiterte Form von Guda oder Nebenform von Gundula. *Namenstag:* 8. Januar

Gun skandinavische Kurzform von Vornamen, die mit „Gun-“ zusammengesetzt sind

Gunda (e) Kurzformen von Vornamen, die mit „Gund-“ oder „-gund“ zusammengesetzt sind. *Bekannte Namensträgerin:* Gunda Niemann-Stirnemann, deutsche Eisschnellläuferin

Gundalena Zusammensetzung aus Gunda und Lena, einer Kurzform von Magdalena

Gundelinde auch Guntlinde, Gudelindis; *aus dem Althochdeutschen:* Kampf und sanft, mild oder Schild

Gundula auch Gundela; erweiterte Formen von Gunda. *Bekannte Namensträgerin:* Gundula Janowitz, deutsche Sopranistin. *Namenstag:* 5. Mai

Gunhild auch Gunthild, Gundehild; *aus dem Althochdeutschen:* Kampf und Kampf

Gurli *persisch:* die Rose

Gussy englische Kurz- und Koseform von Augusta

Guste (i, l) Kurzformen von Auguste; Gusti und Gustl auch als männliche Vornamen!

Gwen (da) Kurz- und Koseformen von Gwendolin

Gwendolin auch Gwendolyn; englischer Vorname keltischer Herkunft; Bedeutung ungeklärt

Hadburg (a) auch Hedeburg; *aus dem Althochdeutschen:* Kampf und Schutz

Hadelind *aus dem Althochdeutschen:* Kampf und sanft, mild oder Schild

Hadmut (e) *aus dem Althochdeutschen:* Kampf und Geist, Sinn

Hagar *hebräisch:* die Fremde

Halina polnische Form von Helene

Halinka Koseform von Halina

Halka Kurzform von Halina

Hanja slawische Koseform von Johanna

Hanka slawische Verkleinerungsform von Johanna

Hanke friesische Kurzform von Johanna; auch als männlicher Vorname!

H

Hanna auch Hanne, Hanni, Hannele; Kurzformen von Johanna. *Bekannte Namensträgerin:* Hanna Schygulla, deutsche Schauspielerin. *Namenstag:* 2. Oktober

Hannah *hebräisch:* die Anmutige, die Begnadete; oder Nebenform von Hanna. *Bekannte Namensträgerin:* Hannah Arendt, deutsche Soziologin und Politoligin

Hanne Nebenform von Hanna. *Bekannte Namensträgerinnen:* Hanne Wieder, deutsche Schauspielerin; Hanne Haller, deutsche Sängerin und Komponistin

Hannedore Zusammensetzung aus Hanna und Dora

Hannelene Zusammensetzung aus Hanna und Lene

Hannelore Zusammensetzung aus Hanna und Lore. *Bekannte Namensträgerinnen:* Hannelore Kohl, Ehefrau von Helmut Kohl; Hannelore Elsner, deutsche Schauspielerin

Hannelotte Zusammensetzung aus Hanna und Lotte

Hannerose Zusammensetzung aus Hanna und Rosa

Hansi Kurz- und Koseform von Johanna, Hanna; auch als männlicher Vorname!

Hardi Koseform von Bernhardine; auch als männlicher Vorname!

Harmke friesische Form von Hermanna

Harriet englische Kurzform von Henriette

Hattie auch Hatty, Hetty; Kurzformen von Henriette

Hazel alte Kurzform von Hedwig; auch als englischer Vorname

Hedda (y) Kurz- und Koseformen von Hedwig

Hede (a, y, i) Kurz- und Koseformen von Hedwig

Hedwig auch Hadwig; *aus dem Althochdeutschen:* Streit und Kampf. *Bekannte Namensträgerin:* Hedwig Courths-Mahler, deutsche Schriftstellerin. *Namenstag:* 16. Oktober

Heide (a) Kurzform von Adelheid. *Bekannte Namensträgerinnen:* Heide Rosendahl, deutsche Leichtathletin und Olympiasiegerin; Heide Simonis, deutsche Politikerin

Heidelinde Zusammensetzung aus Heide und Linda. *Bekannte Namensträgerin:* Heidelinde Weis, deutsche Schauspielerin

Heidelore Zusammensetzung aus Heide und Lore

Heidemarie (a) Zusammensetzung aus Heide und Marie. *Bekannte Namensträgerin:* Heidemarie Hatheyer, schweizerische Filmschauspielerin

Heiderose Zusammensetzung aus Heide und Rosa

Heidewig *aus dem Althochdeutschen:* Ehre und Kampf

Heidi Kurz- und Koseform von Adelheid. *Bekannte Namensträgerinnen:* Heidi Kabel, deutsche

Schauspielerin; Heidi Brühl, deutsche Schauspielerin

Heidrun *aus dem Althochdeutschen:* Wesen, Gestalt und Zauber

Heike auch Haike, niederdeutsch-friesische Kurzformen von Heinrike. *Bekannte Namensträgerinnen:* Heike Drechsler, deutsche Leichtathletin und Olympiasiegerin; Heike Henkel, deutsche Hochspringerin; Heike Makatsch, deutsche Schauspielerin

Heila (e) Kurzformen von Vornamen, die mit „Heil-" zusammengesetzt sind

Heilburg *aus dem Althochdeutschen:* gesund und Schutz

Heilgard auch Helgard; *aus dem Althochdeutschen:* gesund und Schutz

Heilka (e) ostfriesische Kurzformen von Vornamen, die mit „Heil-" zusammengesetzt sind

Heiltraud *aus dem Althochdeutschen:* gesund und Stärke

Heima Kurzform von Vornamen, die mit „Heim-" zusammengesetzt sind

Heimke ostfriesische Kurzform von Vornamen, die mit „Heim-" zusammengesetzt sind

Heimtraud *aus dem Althochdeutschen:* Heim und sicher, Stärke

Heinriette Nebenform von Henriette

Heinrike Nebenform von Henrike

Hela (e) Nebenformen von Hella

Helen englische Form und deutsche Kurzform von Helene. *Bekannte Namensträgerinnen:* Helen Keller, amerikanische Schriftstellerin; Helen Schneider, französische Sängerin und Schauspielerin

Helene (a) *griechisch:* die Leuchtende, die Strahlende. *Bekannte Namensträgerinnen:* Helene Lange, deutsche Frauenrechtlerin; Helene Weigel, deutsche Schauspielerin. *Namenstag:* 26. April, 18. August

Helga *nordisch:* gesund, heil, unversehrt. *Namenstag:* 7. Mai, 8. Juni, 11. September

Helgamaria Zusammensetzung aus Helga und Maria

Helgard auch Heilgard; *aus dem Althochdeutschen:* gesund und Schutz

Helge Nebenform von Helga; auch als männlicher Vorname!

Heli Kurzform von Helene

Heliane Koseform von Helene

Helke niederdeutsche Kurzform von Vornamen, die mit „Hel-", „Heli-", „Heil-" oder „Hil-" zusammengesetzt sind; auch als männlicher Vorname!

Hella auch Hela; Kurz- und Koseformen von Helene und Helga. *Bekannte Namensträgerin:* Hella von Sinnen (eigentlich: Hella Kemper), deutsche Komikerin

Helleborg auch Hellburg; niederdeutsche Formen von Hildburg, Heilburg

H

Helma auch Hilma; Kurzformen von Vornamen, die mit „Helm-“ zusammengesetzt sind

Helmine (a) Kurzformen von Wilhelmine, Wilhelmina

Helmtraud (e) auch Helmtrud; *aus dem Althochdeutschen:* Helm und Schutz, Stärke

Heloise *aus dem Germanischen:* gesund und weit, groß oder stark

Helvi finnische Form von Hedwig

Hemma Nebenform von Emma oder Helma. *Bekannte Namensträgerin:* heilige Hemma, Gründerin eines Benediktinerinnenklosters. *Namenstag:* 31. Januar, 27. Juni

Henni (a, y) Kurz- und Koseformen von Henriette

Henriette (a) *aus dem Französischen stammender Vorname;* weibliche Verkleinerungsform von Henri = Heinrich (*aus dem Althochdeutschen:* Einfriedung und reich, mächtig)

Henrike (a) weibliche Formen von Henrik (nordische Form von Heinrich)

Hera *griechisch:* die Mächtige, die Beschützerin, die Starke. *Bekannte Namensträgerin:* Hera Lind (eigentlich: Herlind Wartenberg), deutsche Schriftstellerin und Fernsehmoderatorin

Herdis *nordisch; ursprünglich aus dem Isländischen:* Heer und Schutzgöttin

Herlind (e) *aus dem Althochdeutschen:* Heer und sanft, mild oder Schild. *Namenstag:* 12. Oktober

Herma Kurzform von Hermanna oder Hermine

Hermandine weibliche Form von Hermann (*aus dem Althochdeutschen:* Heer und Mann, Krieger)

Hermanna weibliche Form von Hermann

Hermine weibliche Form von Hermann. *Bekannte Namensträgerin:* Hermine Körner, deutsche Schauspielerin

Herta auch Hertha; Kurz- und Koseformen von Vornamen, die mit „Hert-“ oder „Hart-“ zusammengesetzt sind; geht wahrscheinlich auf eine irrtümliche Lesart des Namens Nerthus bei Tacitus zurück. *Bekannte Namensträgerinnen:* Herta Däubler-Gmelin, deutsche Politikerin; Hertha Többer, österreichische Sängerin. *Namenstag:* 12. April

Hester niederländische und englische Form von Esther

Hetti auch Hetty, Hatty; Kurz- und Koseformen von Hedwig oder Henriette

Hilaria *lateinisch:* die Heitere. *Namenstag:* 12. August

Hilary auch Hillary, Hillery; englische Formen von Hilaria. *Bekannte Namensträgerin:* Hillary Clinton, Ehefrau von Bill Clinton, 42. Präsident der USA. Auch als männlicher Vorname!

Hilda (e) Kurzformen von Vornamen, die mit „Hild-“ oder „-hild“ zusammengesetzt sind. *Bekannte Namensträgerin:* Hilde Domin, deutsche Lyrikerin. *Namenstag:* 12. Januar, 17. November

Hildburg *aus dem Althochdeutschen:* Kampf und Schutz

Hildegard *aus dem Althochdeutschen:* Kampf und Schutz. *Bekannte Namensträgerinnen:* Hildegard von Bingen, Mystikerin; Hildegard Knef, deutsche Schauspielerin, Sängerin und Autorin; Hildegard Hamm-Brücher, deutsche Politikerin. *Namenstag:* 6. Februar, 11. April, 17. September, 14. Oktober

Hildegund (e) *aus dem Althochdeutschen:* Kampf und Krieg

Hildrun *aus dem Althochdeutschen:* Kampf und Zauber

Hilke (a) friesische Kurz- und Koseformen von Vornamen, die mit „Hild-“ zusammengesetzt sind

Hilla (e) niederdeutsch-friesische Kurz- und Koseformen von Vornamen, die mit „Hild-“ zusammengesetzt sind

Hiltraud auch Hiltrud; *aus dem Althochdeutschen:* Kampf und Stärke. *Namenstag:* 31. Mai, 27. September, 17. November

Hiltrud Nebenform von Hiltraud

Hiltrun Nebenform von Hildrun

Hiska friesische Kurz- und Koseform vermutlich von Zusammenfassungen mit „Hild-“

Hjördis *altnordisch:* Schwert und Göttin

Holda auch Holle, Holdine; Nebenformen von Hulda

Holly Pflanzenname, der „Glück bringender, immergrüner Strauch“ bedeuten soll. *Bekannte Namensträgerin:* Holly Hunter, amerikanische Schauspielerin und Oscarpreisträgerin

Hope *englisch:* Hoffnung

Hortensia (e) *lateinisch:* römischer Sippenname: den Garten betreffend; heute oft nach dem Blumennamen gedeutet

Hroswitha auch Roswitha; *aus dem Althochdeutschen:* Ruhm und Stärke

Hulda auch Holda; *aus dem Althochdeutschen:* weiblicher Geist, gnädig. *Namenstag:* 10. April, 4. September

Ida Kurzform des heute nicht mehr gebräuchlichen althochdeutschen Namens Iduberga = Patronin der schwangeren Frauen. *Bekannte Namensträgerinnen:* heilige Ida, Gattin des Sachsenherzogs Egbert; Ida Ehre, österreichische Schauspielerin. *Namenstag:* 24. Februar, 13. April, 4. September, 3. November, 26. November

Idis Nebenform zu Ida

Iduna *altnordisch:* Name der Göttin ewiger Jugend

Ifigenia italienische Form von Iphigenie
Ignatia *lateinisch:* die Feurige
Iken friesischer Vorname; vielleicht Koseform von Ida
Ilaria italienische Form von Hilaria
Ildegarda italienische Form von Hildegard
Ilga Nebenform von Helga; Variante von Ilsegard
Iliane schwedische und flämische Form von Juliane
Ilka ungarische Kurzform von Ilonka
Illa Kurzform von Elisabeth
Ilona ungarische Form von Helene. *Bekannte Namensträgerin:* Ilona Christen, deutsche Fernsehmoderatorin
Ilonka ungarische Koseform von Ilona
Ilsabe Kurz- und Koseform von Elisabeth
Ilse (a) Kurzformen von Elisabeth. *Bekannte Namensträgerinnen:* Ilse Werner, deutsche Filmschauspielerin; Ilse Aichinger, österreichische Schriftstellerin
Ilsebill Zusammensetzung aus Ilse und Sibylle
Ilsegard Zusammensetzung aus Ilse und Irmgard
Ilselore Zusammensetzung aus Ilse und Lore
Ilsemaria (e) Zusammensetzung aus Ilse und Maria
Ilsetraud (e) Zusammensetzung aus Ilse und Traude
Iluska ungarische Koseform von Ilona
Imagina *lateinisch:* Bild
Imela Koseform von Irma
Imelda Nebenform von Irmhild
Imera Herkunft und Bedeutung ungeklärt
Imke (a) ostfriesische Kurz- und Koseformen von Imma
Imma (e) Kurz- und Koseformen von Emma oder Vornamen, die mit „Irm-“ zusammengesetzt sind
Immakulata *lateinisch:* die Reine
Imogen englischer Vorname; Bedeutung unsicher, vielleicht *aus dem Altirischen:* Tochter, Mädchen
Imorla Herkunft und Bedeutung ungeklärt
Ina (e) Kurzformen von Vornamen, die mit „-ina“ oder „-ine“ zusammengesetzt sind. *Bekannte Namensträgerinnen:* Ina Seidel, deutsche Erzählerin; Ina Deter, deutsche Rocksängerin
Indira indischer Vorname; vielleicht zu Indra, dem Hauptgott der vedischen Religion
Ines Nebenform von Inés
Inés spanische Form von Agnes
Inga schwedische Kurzform von Vornamen, die mit „Ing-“ zusammengesetzt sind. *Bekannte Namensträgerin:* Inga Rumpf, deutsche Rocksängerin
Ingalisa Zusammensetzung aus Inga und Lisa
Inge Kurzform von Ingeborg. *Be-*

kannte Namensträgerinnen: Inge Meysel, deutsche Schauspielerin; Inge Borkh, schwedische Sängerin; Inge Brandenburg, deutsche Jazzsängerin

Ingeborg auch Ingeburg; nordische Vornamen; *aus dem Althochdeutschen:* Ingvio (germanischer Stammesgott) und Schutz. *Bekannte Namensträgerinnen:* Ingeborg Bachmann, österreichische Schriftstellerin; Ingeborg Hallstein, deutsche Sopranistin

Ingehild *aus dem Althochdeutschen:* Ingvio (germanischer Stammesgott) und Kampf

Ingela Koseform von Inge

Ingelore Zusammensetzung aus Inge und Lore

Ingelotte Zusammensetzung aus Inge und Lotte

Ingemaren Zusammensetzung aus Inge und Maren

Ingemaria (e) Zusammensetzung aus Inge und Maria

Inger schwedische Kurzform von Ingerid

Ingerid Nebenform von Ingrid

Ingerose Zusammensetzung aus Inge und Rosa

Inghild auch Ingild; Kurzformen von Ingehild

Ingrid nordischer Vorname; *aus dem Altnordischen:* Ingvio (germanischer Stammesgott) und schön oder Reiterin. *Bekannte Namensträgerinnen:* Ingrid Bergmann, schwedische Schauspielerin; Ingrid Steeger, deutsche Schauspielerin; Ingrid Noll, deutsche Kriminalschriftstellerin. *Namenstag:* 2. September, 9. September

Ingrun Zusammensetzung aus Inge und Vornamen, die mit „-run" zusammengesetzt sind, z.B. Gudrun oder Hildrun

Inka auch Inken; friesische Kurz- und Koseform von Vornamen, die mit „Ing-" zusammengesetzt sind

Innokentija russische Form von Innozentia

Innozentia auch Innocentia; *lateinisch:* die Unschuldige

Insa (e) friesische Kurzformen von Vornamen, die mit „Ing-" zusammengesetzt sind

Iolanthe Nebenform von Jolanthe

Iphigenie (a) Name einer Göttin; *aus dem Griechischen:* die aus mächtigem Geschlecht

Ira Kurzform von Irene oder Irina. *Bekannte Namensträgerin:* Ira von Fürstenberg, deutsche Fürstin

Ireen Nebenform von Irene. *Bekannte Namensträgerin:* Ireen Sheer, deutsch-englische Sängerin

Irena Nebenform von Irina

Irene *griechisch:* die Friedliche. *Bekannte Namensträgerinnen:* heilige Irene, byzantinische Märtyrerin; Irene Dische, amerikanische Schriftstellerin. *Namenstag:* 21. Februar, 1. April, 3. April, 20. Oktober

I

Irène französische Form von Irene. *Bekannte Namensträgerin:* Irène Joliot-Curie, französische Physikerin

Irina slawische Form von Irene

Iris Name einer griechischen Sagengestalt, wurde im Regenbogen gesehen; auch Name der Schwertlilie. *Bekannte Namensträgerin:* Iris Berben, deutsche Schauspielerin. *Namenstag:* 4. September

Irka polnische Verkleinerungsform von Irene

Irma Kurzform von Vornamen, die mit „Irm-" zusammengesetzt sind

Irmburg *aus dem Althochdeutschen:* mächtig und Schutz

Irmela Koseform von Irma

Irmelies Zusammensetzung aus Irma und Liese

Irmenburg Nebenform von Irmburg

Irmgard *aus dem Althochdeutschen:* mächtig und Schutz. *Bekannte Namensträgerinnen:* Irmgard Seefried, österreichische Sängerin; Irmgard Keun, deutsche Schriftstellerin. *Namenstag:* 19. Februar, 20. März, 6. Juli, 4. September, 14. September, 3. Oktober

Irmhild auch Irminhild; *aus dem Althochdeutschen:* mächtig und Kampf. *Namenstag:* 13. Februar

Irmin (a, e) erweiterte Formen von Irma

Irmtraud auch Irmtrud; *aus dem Althochdeutschen:* mächtig und Stärke. *Namenstag:* 29. April, 29. Mai

Isa Kurzform von Vornamen, die mit „Is-" zusammengesetzt sind; Isa ist auch arabische Form des männlichen Vornamens „Jesus". *Namenstag:* 14. Mai

Isabel portugiesische und spanische Form von Elisabeth; *oder aus dem Hebräischen:* die Unberührte. *Bekannte Namensträgerin:* Isabel Allende, chilenische Schriftstellerin. *Namenstag:* 22. Februar

Isabell Nebenform von Isabel. *Bekannte Namensträgerin:* Isabell Varell, deutsche Sängerin

Isabella erweiterte Form von Isabel. *Bekannte Namensträgerin:* Isabella Rosselini, italienische Schauspielerin. *Namenstag:* 22. Februar, 31. August

Isabelle französische Form von Isabella. *Bekannte Namensträgerinnen:* Isabelle Adjani, französische Schauspielerin; Isabelle Huppert, französische Schauspielerin

Isadora (e) Nebenformen von Isidora. *Bekannte Namensträgerin:* Isadora Duncan, amerikanische Tänzerin

Isberga *aus dem Althochdeutschen:* Eisen, Rüstung und Schutz

Isgard *aus dem Althochdeutschen:* Eisen, Rüstung und Schutz

Isidora (e) *griechisch:* Geschenk der Göttin Isis. *Namenstag:* 4. April

Ismet *türkisch:* Ehre, Anstand, Reinheit; auch als männlicher Vorname!

Ismunde *aus dem Althochdeutschen:* Eisen, Rüstung und Schutz

Isobel englische Form von Isabel

Isolde wahrscheinlich keltischer Herkunft; oder *aus dem Althochdeutschen:* Eisen, Rüstung und walten. *Bekannte Namensträgerin:* Isolde Kurz, deutsche Dichterin. *Namenstag:* 24. August

Istrud auch Istraud, Isentraud; *aus dem Althochdeutschen:* Eisen, Rüstung und Kraft, Stärke

Itta auch Ita, Itte; Kurzformen von Jutta; Nebenformen von Ida

Ivana Nebenform von Iwana

Ivanka Koseform von Ivana

Ivette Nebenform von Yvette

Ivonne Nebenform von Yvonne

Iwana weibliche Form von Iwan (russische Form von Johannes; *hebräisch:* Jahwe, Gott ist gnädig)

Jacqueline französische weibliche Form von Jacques = Jakob (*hebräisch;* wahrscheinlich: Fersenhalter). *Bekannte Namensträgerin:* Jacqueline Kennedy-Onassis, Ehefrau von John F. Kennedy, später von Aristoteles Onassis. *Namenstag:* 1. April, 23. Juli

Jadwiga polnische Form von Hedwig

Jana auch Janna; slawische Formen von Johanna

Jane englische Form von Johanna. *Bekannte Namensträgerinnen:* Jane Austen, englische Schriftstellerin; Jane Fonda, amerikanische Schauspielerin

Janet englische Koseform von Jane. *Bekannte Namensträgerin:* Janet Jackson, amerikanische Popsängerin

Janika bulgarische Koseform von Jana

Janina (e) polnische und russische Formen von Johanna. *Bekannte Namensträgerin:* Janina David, Schriftstellerin

Janis Nebenform von Jane. *Bekannte Namensträgerin:* Janis Joplin, amerikanische Rocksängerin. Auch als männlicher Vorname!

Janka bulgarische und ungarische Koseform von Jana

Janna Kurz- und Koseform von Johanna oder Marianne

Jannette Eindeutschung von Jeannette

Jannina Nebenform von Janina

Jannick schweizerische Kurzform von Jeannique; Jannik ist männlicher Vorname!

Jantina erweiterte Form von Jana

Jascha Kurzform von Jadwiga; auch als männlicher Vorname!

Jasmin (a, e) auch Yasmin; *aus dem Persischen:* Name eines Zierstrauchs

J

Jayne Nebenform von Jane. *Bekannte Namensträgerin:* Jayne Mansfield, amerikanische Schauspielerin

Jean englische Form von Johanna. *Bekannte Namensträgerin:* Jean Seberg, amerikanische Schauspielerin. *Namenstag:* 19. Oktober; auch als männlicher Vorname!

Jeanne französische Form von Johanna. *Bekannte Namensträgerinnen:* Jeanne d'Arc, französische Nationalheldin; Jeanne Moreau, französische Schauspielerin. *Namenstag:* 30. Mai

Jeannette Koseform von Jeanne

Jeannine Koseform von Jeanne

Jeannique erweiterte Form von Jeanne

Jehanne Nebenform von Johanna

Jekaterina russische Form von Katharina

Jelena russische und serbokroatische Form von Helena

Jelenka russische Koseform von Jelena

Jella friesische Kurzform von Gabriela

Jenni Kurz- und Koseform von Johanna

Jennifer englischer Vorname keltischer Herkunft; vielleicht vom walisischen „gwyn" = weiß. *Bekannte Namensträgerin:* Jennifer Jones (eigentlich: Phyllis Isley), amerikanische Schauspielerin

Jenny Kurz- und Koseform von Johanna. *Bekannte Namensträgerin:* Jenny von Westphalen, Ehefrau von Karl Marx

Jessica auch Jessika; *hebräisch:* Gott blickt an. *Bekannte Namensträgerin:* Jessica Lange, amerikanische Schauspielerin

Jette (a) Kurzformen von Henriette

Jezabel hebräische Form von Isabel

Jil Nebenform von Jill. *Bekannte Namensträgerin:* Jil Sander (eigentlich: Heidemarie Jiline Sander), deutsche Moderschöpferin

Jill englische Kurzform von Gillian

Jo Kurz- und Koseform von männlichen und weiblichen Vornamen, die mit „Jo-" zusammengesetzt sind

Joan englische Form von Johanna. *Bekannte Namensträgerinnen:* Joan Baez, amerikanische Folkrocksängerin; Joan Collins, englische Schauspielerin. Auch als männlicher Vorname!

Joana portugiesische Form von Johanna

Johanna (e) auch Joanna; *hebräisch:* Jahwe (Gott) ist gnädig. *Bekannte Namensträgerinnen:* Johanna von Orleans (Jungfrau von Orleans), französische Nationalheldin; Johanna Schopenhauer, deutsche Schriftstellerin; Johanna Matz, österreichische Schauspielerin. *Namenstag:* 4. Februar, 22. Februar, 21. August, 12. Dezember

Johannetta (e) erweiterte Formen von Johanna
Jolán ungarische Kurzform von Jólanká
Jólanká *ungarisch:* gutes Mädchen
Jolanthe auch Yolanthe, Jolanda, Yolanda; *griechisch:* Veilchen. *Namenstag:* 17. Januar, 16. Juni, 29. November, 17. Dezember
Jonna dänische Kurzform von Johanna
Jordis auch Jördis, Hjördis; *altnordisch:* Schwert und Göttin
Jorina friesische weibliche Form von Gregor (*griechisch:* der Wachsame)
Jorinna Nebenform von Jorina
Josée französische Form von Josefine
Josepha auch Josefa; weibliche Form von Joseph (*hebräisch:* Jahwe, Gott schenke Vermehrung). *Namenstag:* 11. Oktober
Josephine (a) auch Josefine; erweiterte Formen von Josepha. *Bekannte Namensträgerinnen:* Josephine Beauharnais, erste Gattin von Napoleon; Josephine Baker, französisch-amerikanische Sängerin und Tänzerin. *Namenstag:* 26. Oktober
Josette französische Koseform von Josephine
Josi Koseform von Josepha
Josiane französische Koseform von Josephine
Josina niederländische Form von Josephine
Jovanka slawische Form von Johanna
Jovita auch Jowita; südslawische Koseformen von Johanna
Jovita auch Joyvita; *englisch:* Freude am Leben
Joy *englisch:* Freude. *Bekannte Namensträgerin:* Joy Fleming (eigentlich: Erna Strube), deutsche Bluessängerin
Juana spanische Form von Johanna
Juanita Koseform von Juana
Jucunda *lateinisch:* die Angenehme
Judica *lateinisch:* richte!
Judith (a) *hebräisch:* die Bekennerin, die Gepriesene, Jüdin. *Bekannte Namensträgerin:* Kaiserin Judith, Ehegattin Ludwigs des Frommen. *Namenstag:* 13. März, 25. März, 29. Juni, 22. Dezember
Judy englische Kurzform von Judith. *Bekannte Namensträgerin:* Judy Garland, amerikanische Filmschauspielerin
Jukunda Nebenform von Jucunda
Jula (e) Kurzformen von Julia
Julia *lateinisch:* aus dem Geschlecht der Julier. *Bekannte Namensträgerin:* Julia Roberts, amerikanische Schauspielerin. *Namenstag:* 22. Mai, 21. Juli, 16. September
Juliana (e) erweiterte Formen von Julia. *Bekannte Namensträgerinnen:* heilige Juliane von Lüttich; Juliana, Königin der Niederlande; Juliane Werding, deutsche

J K

Sängerin. *Namenstag:* 16. Februar, 5. April, 7. August

Julianna erweiterte Form von Juliane; auch ungarische Form von Juliana

Julie Koseform von Julia

Julienne französische Form von Juliana

Juliet englische Form von Julia

Julietta Verkleinerungsform von Julia

Juliette französische Koseform von Julia. *Bekannte Namensträgerin:* Juliette Gréco, französische Chansonsängerin

Juline erweiterte Form von Julia

Julischka auch Julika; ungarische Koseform von Julia

June englische Form von Junia

Junia die im Juni Geborene

Juno *lateinisch;* Name der römischen Schutzgöttin

Justa *lateinisch:* die Gerechte

Justine (a) erweiterte Formen von Justa. *Namenstag:* 26. September, 7. Oktober

Jutta auch Jutte, Juthe; *altnordisch:* die aus dem Volk der Jüten; auch Kurzformen von Judith. *Bekannte Namensträgerinnen:* die selige Jutta, Erzieherin der heiligen Hildegard von Bingen; Jutta Ditfurth, deutsche Journalistin und Politikerin; Jutta Speidel, deutsche Schauspielerin. *Namenstag:* 13. Januar, 5. Mai, 31. Oktober, 29. November, 22. Dezember

Kaarina finnische Form von Katharina

Kai auch Kay; vermutlich keltischer Herkunft; Bedeutung ungeklärt; auch als männlicher Vorname!

Kaja friesische Kurzform von Katharina; auch schwedische Kurzform von Kajsa

Kajsa schwedische Koseform von Karin

Kalliope *griechisch:* die mit der schönen Stimme

Kamilla auch Camilla; *lateinisch:* die Ehrbare

Kandida Nebenform von Candida

Kara Nebenform von Cara

Karda Kurz- und Koseform von Richarda

Kareen Nebenform von Karin

Karen auch Caren; dänische und schwedische Formen von Karin. *Bekannte Namensträgerin:* Karen Mulder, amerikanisches Model; Karen Blixen, dänische Dichterin

Karianne niederländische Zusammensetzung aus Katharina und Johanna

Karin nordische Kurzform von Katharina

Karina auch Carina, *italienisch:* die Hübsche

Karla auch Carla; *aus dem Althochdeutschen:* die Freie

Karola auch Carola, Karolina, Karolin; erweiterte Formen von Karla, Carla

Karsta auch Carsta; niederdeutsche Formen von Christa

Karstine niederdeutsche Form von Christine

Kassandra Name einer Gestalt der griechischen Mythologie

Katalin ungarische Kurzform von Katharina

Kate auch Kathe, Kathy; englische Kurzform von Katharina. *Bekannte Namensträgerinnen:* Kate Bush, englische Popsängerin; Kate Moss, amerikanisches Model

Katharina (e) auch Kathrin, Kathrein, Katarina; *griechisch:* die Reine. *Bekannte Namensträgerinnen:* Katharina von Bora, Frau von Martin Luther; Katharina von Medici, Königin von Frankreich; Katharina die Große, russische Zarin; Katarina Witt, deutsche Eiskunstläuferin; Katherine Hepburn, amerikanische Schauspielerin. *Namenstag:* 9. Februar, 24. März, 29. April, 25. November

Käthe auch Käte, Kati, Katy; Kurz- und Koseform von Katharina. *Bekannte Namensträgerinnen:* Käthe Kollwitz, deutsche Grafikerin und Malerin; Käthe Gold, österreichische Schauspielerin; Käthe Kruse, deutsche Kunsthandwerkerin

Kathi Koseform von Katharina

Kathinka russische Kurzform von Katharina

Kathleen auch Cathleen; englisch-irische Formen von Katharina. *Bekannte Namensträgerin:* Kathleen Turner, amerikanische Schauspielerin

Kathrein oberdeutsche Kurzform von Katharina

Kathrin Kurzform von Katharina. *Bekannte Namensträgerin:* Kathrin Krabbe, deutsche Sportlerin

Kathrina erweiterte Form von Kathrin

Katina ungarische Form von Katharina

Katinka russische Kurzform von Katharina

Katja russische Kurzform von Katharina. *Bekannte Namensträgerinnen:* Katja Ebstein (eigentlich: Karin Witkiewicz), deutsche Schlagersängerin; Katja Ricciarelli, italienische Sängerin; Katja Seizinger, deutsche Skiläuferin, Katja Riemann, deutsche Schauspielerin

Katjana erweiterte Form von Katja

Katjuscha russische Koseform von Katharina

Katka slowenische und ungarische Kurzform von Katharina

Katrin Kurzform von Katharina

Katrina erweiterte Form von Katrin

Kay Nebenform von Kai

Kerry indo-amerikanische Koseform; Bedeutung ungeklärt; auch als männlicher Vorname!

Kersti Nebenform von Kristin

Kerstin (a, e) schwedische Nebenformen von Kristin

K

Kerstina Nebenform von Kristina

Kim amerikanischer Vorname, vermutlich Kurzform von Marilyn. *Bekannte Namensträgerinnen:* Kim Nowak, amerikanische Schauspielerin; Kim Wilde, englische Rocksängerin; Kim Basinger, amerikanische Schauspielerin und Oscarpreisträgerin. Auch als männlicher Vorname!

Kira russische Form von Kyra

Kirsten auch Kirstin; dänische und schwedische Formen von Christine

Kirsti schwedische Form von Kirsten

Kitty englische Kurzform von Katharina

Klara auch Clara, Kläre; *lateinisch:* die Helle, Glänzende. *Namenstag:* 8. Mai, 11. August

Klarina auch Klarinda; erweiterte Formen von Klara

Klarissa auch Clarissa; erweiterte Formen von Klara

Klaudia auch Claudia; römischer Sippenname; eigentlich: die Hinkende

Klementia auch Clementia; *lateinisch:* Gnade, Mildtätigkeit

Klementine (a) auch Clementine; erweiterte Formen von Klementia

Kleopatra *griechisch:* Ruhm und Vater

Klio auch Clio; *griechisch:* die Rühmerin

Klivia Nebenform von Clivia

Klothilde auch Clothilde; *aus dem Althochdeutschen:* berühmt und Kampf. *Bekannte Namensträgerin:* heilige Klothilde, bekehrte ihren Gatten Chlodwig I. zum Christentum. *Namenstag:* 3. Juni

Kolomba *griechisch:* die Taube

Kolumbine erweiterte Form von Kolomba

Konkordia Nebenform von Concordia

Konni auch Konny, Conni; Kurzformen von Konkordia, Konstanze oder Kornelia; auch als männliche Vornamen!

Konstanze (a) auch Constanze; *lateinisch:* die Beständige. *Namenstag:* 18. Februar

Kora *griechisch:* Mädchen, Tochter

Kordelia Nebenform von Cordelia

Kordia Kurz- und Koseform von Konkordia

Kordula Nebenform von Cordula

Korinna auch Corinna; *griechisch:* Mädchen, Tochter

Kornelia Nebenform von Cornelia

Korona Nebenform von Corona

Kosima Nebenform von Cosima

Kreszentia auch Crescentia; Kreszenz; *lateinisch:* die Wachsende

Kriemhild (e) auch Krimhild; *aus dem Althochdeutschen:* Helm und Kampf

Krishna auch Krischna; indische Vornamen; nach dem indischen Gott Krishna (der Schwarze); oder die Entzückende; auch als männliche Vornamen!

Krista neuere Form von Christa.

Bekannte Namensträgerin: Krista Sager, deutsche Politikerin

Kristiane nordische Form von Christiane

Kristin (e, a) nordische Formen von Christine

Kunigunde (a) *aus dem Althochdeutschen:* Sippe und Kampf. *Namenstag:* 17. Januar, 3. März, 13. Juli, 24. Juli, 9. September

Kyra auch Cyra, Khira; von dem griechischen „kyrene“ = Frau aus Kyrenaika

Laila *finnisch-lappländisch;* umgebildet aus Aila

Lale dänischer Vorname; aus der Kindersprache übernommene Lallform; auch skandinavische Kurzform von Laura. *Bekannte Namensträgerin:* Lale Andersen, Sängerin (eigentlich: Elisabeth-Charlotte-Helene-Eulalia Bunterberg)

Lana Kurzform von Namen, die mit „-lana“ zusammengesetzt sind

Lara Kurzform von Laura

Larissa russische erweiterte Form von Lara; auch identisch mit dem griechischen Städtenamen Larissa. *Namenstag:* 26. März

Lätitia *lateinisch:* Freude, Frohsinn. *Namenstag:* 5. Juni, 9. Juli

Laura Kurzform von Laurentia. *Bekannte Namensträgerin:* heilige Laura von Cordova, Märtyrerin; Laura Biagiotti, italienische Modeschöpferin. *Namenstag:* 19. Oktober

Laurence französische Form von Laurentia; auch als männlicher Vorname!

Laurentia auch Laurenzia; *lateinisch:* die aus (der Stadt) Laurentium; auch als die Lorbeergeschmückte gedeutet. *Namenstag:* 13. März, 21. Mai, 8. Oktober

Lauretta (e) italienische und französische Koseform von Laura

Lavinia *lateinisch:* Frau aus der Stadt Lavinium

Lea *hebräisch:* die Ermüdete; oder auch: Wildkuh. *Bekannte Namensträgerin:* Lea Rabin, Ehefrau des ermordeten israelischen Politikers Yitzhak Rabin

Leda Name einer Gestalt der griechischen Mythologie, vielleicht verwandt mit dem lykischen Wort „lada“ (Frau)

Lee englisch-amerikanischer Vorname; von Lea oder aus dem Irisch-Gälischen: anmutig; oder aus dem Altenglischen: die vom Weideland Stammende; auch als männlicher Vorname!

Leila *orientalisch:* Nacht, Dunkelheit

Leli Kurzform von Lelia oder Magdalene

Lelia italienischer Vorname; von „Laelia“, einem alten römischen Frauennamen unbekannter Bedeutung; oder niederländisch zum lateinischen „lilium“ = Lilie; oder aus dem griechischen „lálos“ = gesprächig

Lena (e, i, y) Kurzformen von Helene oder Magdalene. *Bekannte Namensträgerin:* Lena Christ, deutsche Schriftstellerin; Lena Valaitis (eigentlich: Anelé Valaitis), Sängerin

Lenelore Zusammensetzung aus Lene und Lore

Lenelotte Zusammensetzung aus Lene und Lotte

Lenka slawische Kurzform von Helene oder Magdalene

Lenore Nebenform von Leonore

Leocadia auch Leokadia; Herkunft und Bedeutung ungeklärt; vielleicht slawische Kurzform von Katharina

Leona Kurzform von Vornamen, die mit „Leo-“ zusammengesetzt sind

Leonharda auch Leonarda; Zusammensetzung aus dem lateinischen „leo“ = Löwe und dem Althochdeutschen „harti“ = hart, stark, kühn

Leonie auch Leoni; Kurzform von Vornamen, die mit „Leo-“ zusammengesetzt sind. *Bekannte Namensträgerin:* Leonie Ossowski, deutsche Schriftstellerin. *Namenstag:* 25. Juni

Leonore auch Leonora, Lenore; Kurzformen von Eleonore. *Namenstag:* 22. Mai

Leontine *lateinisch:* die Löwengleiche; oder: Frau aus der Stadt Leontini. *Bekannte Namensträgerin:* Leontyne Price, amerikanische Sängerin

Leopolda (e) *aus dem Althochdeutschen:* Volk und kühn

Leopoldine erweiterte Form von Leopolde

Leslie englischer und französischer Vorname; ursprünglich ein Familienname oder schottischer Ortsname; oder englische Kurzform von Elisabeth. *Bekannte Namensträgerin:* Leslie Caron, französische Schauspielerin. Auch als männlicher Vorname!

Lexa Kurzform von Alexandra

Li Kurzform von Elisabeth oder anderen Vornamen, die mit „Li-“ oder „Lie-“ zusammengesetzt sind

Lia Kurz- und Koseform von Julia oder Elisabeth; Nebenform von Lea

Liane (a) Kurzformen von Juliane. *Bekannte Namensträgerin:* Liane Covi, schweizerische Sängerin

Libeth Kurzform von Elisabeth

Libussa *slawisch:* Liebe, Liebling

Lida Kurzform von Adelheid oder Ludmilla

Liddi (a, y) Kurz- und Koseformen von Lydia

Liebgard auch Liebegard; *aus dem Althochdeutschen:* lieb und Schutz

Liebtraud auch Liebetraud; *aus*

dem Althochdeutschen: lieb und Kraft

Liesa auch Lisa, Lis; Kurzformen von Elisabeth

Liesbeth auch Lisbeth; Kurzformen von Elisabeth

Liese auch Liesel; Kurzformen von Elisabeth

Lieselore auch Liselore; Zusammensetzung aus Liese und Lore

Lieselotte auch Liselotte; Zusammensetzung aus Liese und Lotte

Liesemarie Zusammensetzung aus Liese und Marie

Lil(l) Kurz- und Koseformen von Elisabeth

Lilian (a, e) englische erweiterte Formen von Lilly. *Bekannte Namensträgerin:* Lilian Harvey, deutsche Filmschauspielerin englischer Herkunft

Lilith Name eines babylonischen Sturmdämons; zum hebräischen „lilith" = die Nächtliche

Lilly auch Lilli, Lily; Kurz- und Koseformen von Elisabeth. *Bekannte Namensträgerin:* Lilli Palmer, deutsche Schauspielerin und Autorin

Lilo auch Lilotte; Kurzformen von Lieselotte

Limone *italienisch:* Zitrusfrucht

Lina (e) Kurzformen von Vornamen, die mit „-line" oder „-lina" zusammengesetzt sind

Linda (e) Kurzformen von Vornamen, die mit „-linda" oder „-linde" zusammengesetzt sind. *Bekannte Namensträgerinnen:* Linda Evangelista, internationales Fotomodell; Linda Evans, amerikanische Schauspielerin; Linda de Mol, niederländische Fernsehmoderatorin

Lindgard *aus dem Althochdeutschen:* sanft und Schutz

Linette französische Koseform von Lina

Lioba latinisierter Vorname; ursprünglich aus dem Althochdeutschen: lieb und aus dem Altenglischen: Kampf

Lis (a) Kurz- und Koseformen von Elisabeth. *Bekannte Namensträgerin:* Lisa Fitz, deutsche Schauspielerin, Sängerin und Kabarettistin

Lisabeth Kurzform von Elisabeth

Lisanne Zusammensetzung aus Lise und Anne

Lise Kurzform und französische und dänische Form von Elisabeth

Liselotte Zusammensetzung aus Lise und Lotte. *Bekannte Namensträgerin:* Liselotte Pulver, schweizerische Schauspielerin

Lisenka slawische Kurz- und Koseform von Elisabeth

Lisette (a) französische Koseformen von Elisabeth

Lissy (a, e, i) Kurz- und Koseformen von Elisabeth

Lita niederländische Kurzform von Vornamen, die mit „Luit-" zusammengesetzt sind

Liv *nordisch:* Wehr, Schutz; häufig

L

assoziiert mit liv = Leben. *Bekannte Namensträgerin:* Liv Ullmann, norwegische Schauspielerin

Lizzy (i) auch Liz, Liza; englische Kurz- und Koseformen von Elisabeth oder Alice. *Bekannte Namensträgerinnen:* Liza Minnelli, amerikanische Sängerin und Tänzerin; Liz Taylor (eigentlich: Elizabeth Taylor), amerikanische Schauspielerin

Ljuba auch Liuba; *slawisch:* die Liebe, die Liebende

Ljubinka slawische Koseform von Ljuba

Loana andere Form von Luana; oder erweiterte Form von Lona

Loisa Kurzform von Aloisia

Loki Kurz- und Koseform von Hannelore

Lola spanische Kurz- und Koseform von Dolores oder Carola

Lolita spanische Koseform von Lola

Lona Kurzform von Apollonia oder Leona

Longina *lateinisch:* die Lange

Loni (e, y) Kurz- und Koseformen von Apollonia oder Leona. *Bekannte Namensträgerin:* Loni von Friedl, österreichische Schauspielerin, Witwe von Peter Frankenfeld

Lora slawische Nebenform von Laura; oder russische Kurzform von Larissa

Lore Kurzform von Eleonore. *Bekannte Namensträgerin:* Lore Lorentz, deutsche Kabarettistin

Lorelies Zusammensetzung aus Lore und Liese

Lorena englisch-amerikanische erweiterte Form von Laura

Loretta (e) auch Loritta; Nebenformen von Lauretta

Lorina Kurzform von Laurentia

Loris italienische und schweizerische Kurzform von Laurentia; auch als männlicher Vorname!

Lorna amerikanischer Vorname; Bedeutung ungeklärt; wahrscheinlich aus R. D. Blackmores Roman „Lorna Doone“

Lotte (i) Kurzformen von Charlotte. *Bekannte Namensträgerinnen:* Lotte Lehmann, deutsche Sängerin; Lotte Lenya, österreichische Sängerin, Schauspielerin, Frau von Kurt Weill; Lotti Krekel, deutsche Karnevalssängerin

Lottemarie Zusammensetzung aus Lotte und Marie

Lou Kurz- und Koseform von Louise. *Bekannte Namensträgerin:* Lou Andreas-Salomé, russische Schriftstellerin und Psychoanalytikerin. Auch als männlicher Vorname!

Louise weibliche Form von Louis (französische Form von Ludwig, *aus dem Althochdeutschen:* berühmt und Kampf)

Lowisa (e) niederdeutsche und schwedische Formen von Luise

Lu Kurzform von Vornamen, die

mit „Lud-“ zusammengesetzt sind; auch als männlicher Vorname!

Luana amerikanischer Vorname; Herkunft und Bedeutung ungeklärt

Luc französische Kurzform von Lukretia; auch Kurzform von Lucy; auch als männlicher Vorname!

Lucia auch Lucie, Luzia; *lateinisch:* die Leuchtende, die bei Tagesanbruch Geborene. *Namenstag:* 13. Dezember

Lucille (a) erweiterte Form von Lucia. *Namenstag:* 29. Juli

Lucinde auch Luzinde; erweiterte Form von Lucia

Lucréce französische Form von Lukretia

Lucy englische Form von Lucia

Ludgardis Nebenform von Luitgard

Ludmilla *slawisch:* Volk und lieb, angenehm. *Namenstag:* 16. September

Ludowika auch Ludovica; latinisierte weibliche Form von Ludwig (*aus dem Althochdeutschen:* berühmt und Kampf); auch slawische Form und Nebenform von Ludwiga

Ludwiga *aus dem Althochdeutschen:* berühmt und Kampf

Luigia italienische Form von Ludwiga

Luise (a) eingedeutschte Formen von Louise. *Bekannte Namensträgerinnen:* Königin Luise von Preußen; Luise Rinser, deutsche Schriftstellerin; Luise Schröder, deutsche Politikerin; Luise Ullrich, österreichische Schauspielerin. *Namenstag:* 15. März, 24. Juli

Luisella italienische Koseform von Luisa

Luiselotte Zusammensetzung aus Luise und Lotte

Luisemarie Zusammensetzung aus Luise und Marie

Luitberga *aus dem Althochdeutschen:* Volk und Schutz

Luitburga Nebenform von Luitberga

Luitgard *aus dem Althochdeutschen:* Volk und Schutz. *Namenstag:* 1. Juni, 16. Juni, 16. Oktober

Luitgund (e) *aus dem Althochdeutschen:* Volk und Kampf

Luithild *aus dem Althochdeutschen:* Volk und Kampf

Lükardis Nebenform von Luitgard

Lukerja russische Form von Lukretia

Lukretia auch Lucretia; Lukrezia; *lateinisch:* aus dem Geschlecht der Lukretier

Lulu kindersprachliche Doppelung von Lu

Lunetta amerikanischer Vorname; *lateinisch:* luna = Mond

Lusia Herkunft und Bedeutung ungeklärt; wahrscheinlich von Luise oder Lucia

Lutgard Nebenform von Luitgard

L M

Luzie Koseform von Lucia
Luzinde eingedeutschte Form von Lucinde
Lyda Nebenform von Lydia
Lydia *griechisch:* die aus Lydien Stammende. *Namenstag:* 3. August
Lykke *nordisch:* Glück
Lys (e) Nebenformen von Liese; oder vom griechischen „lysein" = befreien

Mabel englische Kurzform von Amabella
Madalena auch Maddalena; italienische Formen von Magdalena
Madeleine französische Form von Magdalena
Madge englische Kurzform von Margarethe
Madlen Kurzform von Magdalena
Mady englische Kurz- und Koseform von Magdalena
Mafalda Herkunft und Bedeutung ungeklärt; im Italienischen gebräuchlich. *Namenstag:* 2. Mai
Mag auch Magg, Maggie, Maggy; englische Kurzformen von Margarethe
Magda Kurzform von Magdalena
Magdalena (e) *hebräisch:* die aus Magdala Stammende. *Namenstag:* 24. Mai, 22. Juli
Magelone französischer literarischer Name aus dem 16. Jahrhundert; Nebenform von Magdalena
Magna *lateinisch:* die Große; auch Nebenform von Magnhild
Magnhild nordische Form von Mathilde
Mai-Britt auch Maj-Britt; skandinavischer Doppelname; vermutlich aus Maja und Britta zusammengesetzt
Maia Kurzform von Maria; auch: die im Mai Geborene
Maie friesische Kurzform von Maria
Maike auch Maiken; niederdeutsche Kurz- und Koseformen von Maria
Maita Herkunft und Bedeutung ungeklärt; vielleicht von Margarethe
Maj Kurzform von Maria
Maja auch Maya; *aus dem Lateinischen:* Name einer römischen Göttin; auch Kurzform von Maria
Maje friesische Kurzform von Maria
Majella erweiterte Form von Maja
Male Kurzform von Amalie oder Malwine
Maleen auch Malena, Malene; nordische Kurzformen von Magdalena
Malenka slawische Kurzform und russische Form von Melanie
Malfriede *aus dem Althochdeutschen:* Gerichtsstätte und Frieden
Mali Kurzform von Amalie oder Magdalena
Malin (a, e) Kurzformen von Mag-

dalena; vielleicht im Zusammenhang mit dem russischen „malina“ = Himbeerstrauch

Malli Kurzform von Amalie oder Magdalena

Malve Herkunft und Bedeutung ungeklärt; vielleicht Nebenform von Malwine; auch mit der Pflanze in Zusammenhang gebracht; auch Nebenform von Malvida

Malvida auch Malwida; Herkunft und Bedeutung ungeklärt; vielleicht Nebenform von Malwine. *Bekannte Namensträgerin:* Malvida von Meysenburg, deutsche Schriftstellerin

Malwine (a) auch Malvie (a); *aus dem Althochdeutschen:* Gerichtsplatz, Rat und Freund

Manda Kurzform von Amanda

Mandy englische Koseform von Manda

Manina Herkunft und Bedeutung ungeklärt

Manja slawische Kurzform von Maria

Manon französische Koseform von Maria

Manuela Kurzform von Emanuela

Mara *hebräisch:* bitter; auch russische Kurz- und Koseform von Maralda

Maralda weibliche Form von Marald (*aus dem Althochdeutschen:* Pferd und walten, herrschen)

Marceline weibliche Form von Marcel (französische Form von Marcellus, einer erweiterten Form von Marcus, *lateinisch:* dem Kriegsgott Mars geweiht; oder: Sohn des Mars)

Marcella weibliche Form von Marcellus, einer erweiterten Form von Marcus (*lateinisch:* dem Kriegsgott Mars geweiht; oder: Sohn des Mars). *Bekannte Namensträgerin:* heilige Marcella, 410 von den Goten bei der Eroberung Roms erschlagen. *Namenstag:* 31. Januar

Marcellina (e) Koseformen von Marcella

Marcia amerikanische weibliche Form von Marcus (*lateinisch:* dem Kriegsgott Mars geweiht; oder: Sohn des Mars). *Bekannte Namensträgerin:* Marcia Haydée, Primaballerina des Stuttgarter Balletts

Mareen Nebenform von Maren

Marei auch Mareile; oberdeutsche Koseformen von Maria

Mareike auch Marieke; Koseformen von Maria

Maren friesische Kurzform von Maria; dänische Form von Marina. *Bekannte Namensträgerin:* Maren Kroymann, deutsche Schauspielerin und Kabarettistin

Marene erweiterte Form von Maren

Maresa Herkunft und Bedeutung ungeklärt; vielleicht erweiterte Form von Maria

Maret (a, e) Kurz- und Koseformen von Margarethe

M

Marfa russische Form von Martha

Marga Kurzform von Margarethe. *Namenstag:* 6. April

Margalita russische Nebenform von Margarethe

Margarethe auch Margareta, Margaret, Margarete; *hebräisch:* die Perle. *Bekannte Namensträgerinnen:* Margaret Rose, Schwester der englischen Königin; Margarete, Königin von Dänemark, Norwegen und Schweden; Königin Margarete von Navarra; Margaret Mitchell, amerikanische Schriftstellerin; Margarete Mitscherlich, deutsche Psychoanalytikerin; Margarete Buber-Neumann, deutsche Schriftstellerin; Margarethe von Trotta, deutsche Filmregisseurin; Margarete Schreinemakers, deutsche Fernsehmoderatorin. *Namenstag:* 22. Februar, 20. Juni, 20. Juli, 16. Oktober, 6. November, 25. November

Margarita spanische und russische Form von Margarethe

Margery englische Kurz- und Koseform von Margarethe

Margherita italienische Form von Margarethe

Margit Kurzform von Margarethe

Margitta rätoromanische Form von Margarethe

Margot Kurz- und Nebenform von Marguerite. *Bekannte Namensträgerinnen:* Margot Fonteyn, englische Primaballerina; Margot Trooger, deutsche Schauspielerin; Margot Helbig, deutsche Volksmusiksängerin; Margot Werner, österreichische Sängerin, Tänzerin und Schauspielerin

Margret auch Margrit; Kurzformen von Margarethe

Marguerite französische Form von Margarethe. *Bekannte Namensträgerin:* Marguerite Duras, französische Schriftstellerin

Maria Vorname hebräischer Herkunft, Bedeutung ungeklärt; wahrscheinlich von dem hebräischen „mirjam" = Bitterkeit oder widerspenstig. *Bekannte Namensträgerinnen:* Maria Stewart, Königin von Schottland; Maria Montessori, italienische Ärztin und Pädagogin; Maria Callas, griechisch-amerikanische Sängerin; Maria Schell, deutsche Schauspielerin; Maria Hellwig, deutsche Volksmusiksängerin; Maria Walliser, schweizerische Skiläuferin; Maria Cebotari, österreichische Sopranistin. *Namenstag:* alle Marienfeste. Auch als männlicher Zweitvorname!

Mariam russische und bulgarische Form von Maria; oder Kurzform von Mariamne

Mariamne Bedeutung ungeklärt; wahrscheinlich von dem hebräischen „mirjam" = Bitterkeit oder widerspenstig; vielleicht *aus dem Ägyptischen:* die von dem Gott Ammon Geliebte

Mariana (e) erweiterte Formen von Maria

Marianka slawische Koseform von Maria

Marianne (a) alter französischer Vorname; wahrscheinlich von Mariamne; später als Zusammensetzung aus Maria und Anne gedeutet. *Bekannte Namensträgerinnen:* Marianne Hoppe, deutsche Schauspielerin; Marianne Sägebrecht, deutsche Schauspielerin. *Namenstag:* 17. Februar, 17. April, 26. Mai

Marie Nebenform von Maria. *Bekannte Namensträgerin:* Marie Antoinette, französische Königin

Marieke niederdeutsche Koseform von Maria

Mariele Koseform von Maria. *Bekannte Namensträgerin:* Mariele Millowitsch, deutsche Schauspielerin

Marielene Zusammensetzung aus Maria und Lene

Marieliese Zusammensetzung aus Maria und Liese

Mariella italienische Koseform von Maria

Marielore Zusammetzung aus Maria und Lore

Marieluise Zusammensetzung aus Maria und Luise. *Bekannte Namensträgerin:* Marie-Luise Marjan, deutsche Schauspielerin

Marierose Zusammensetzung aus Maria und Rosa

Marieta Nebenform von Marita

Marietheres Zusammensetzung aus Maria und Therese

Marietta italienische Koseform von Maria

Marigard *aus dem Althochdeutschen:* berühmt und Schutz

Marija russische Form von Maria

Marika schwedische und ungarische Form von Maria. *Bekannte Namensträgerinnen:* Marika Rökk, österreichisch-ungarische Tänzerin und Filmschauspielerin; Marika Kilius, deutsche Eiskunstläuferin

Marilu italienische Zusammensetzung aus Maria und Luise

Marilyn englische Koseform von Mary. *Bekannte Namensträgerin:* Marilyn Monroe (eigentlich: Norma Jean Baker), amerikanische Filmschauspielerin

Marina erweiterte Form von Maria; oder *lateinisch:* die am Meer Lebende. *Namenstag:* 17. Juli

Marinella erweiterte Form und italienische Koseform von Marina

Marion französische Form von Maria

Marisa (e) italienische und schweizerische Koseformen von Maria

Marischka ungarische Koseform von Maria

Marit schwedische Kurz- und Koseform von Margarethe

Marita spanische Koseform von Margarethe; auch Koseform von Maria

Maritta italienische Koseform von

Maria; auch Kurzform von Margarethe

Marja slawische Nebenform von Maria

Marjorie englische Form von Margarethe

Marlene auch Marleen; Zusammensetzung aus Maria und Lene. *Bekannte Namensträgerin:* Marlene Dietrich (eigentlich: Maria Magdalena von Losch), deutsche Schauspielerin und Sängerin. *Namenstag:* 22. Juli

Marlies (e) auch Marlis; Zusammensetzung aus Maria und Liese

Marline (a) Nebenformen von Marlene

Martha (e) *hebräisch:* Herrin. *Namenstag:* 29. Juli

Martina *lateinisch:* dem Kriegsgott Mars geweiht; oder: Tochter des Mars. *Bekannte Namensträgerinnen:* Martina Navratilova, tschechisch-amerikanische Tennisspielerin; Martina Hingis, schweizerische Tennisspielerin. *Namenstag:* 30. Januar, 11. November

Martine französische Form von Martina

Mary englische Form von Maria. *Bekannte Namensträgerin:* Mary Wigman (eigentlich: Marie Wiegmann), deutsche Tänzerin und Choreografin

Maryla polnische Nebenform von Maria

Marylou englische Zusammensetzung aus Mary und Louise

Maryrose englische Form von Marierose

Maryse französische Nebenform von Marisa

Maryvonne schweizerische Zusammensetzung aus Maria und Yvonne

Marzella eingedeutschte Form von Marcella

Marzelline eingedeutschte Form von Marcelline

Mascha russische Kurzform von Marija

Mathilde (a) *aus dem Althochdeutschen:* Macht, Stärke und Kampf. *Bekannte Namensträgerin:* Mathilde Wesendonck, deutsche Schriftstellerin, Freundin Richard Wagners. *Namenstag:* 14. März

Mattea italienische Form von Matthäa

Matthäa weibliche Form von Matthäus, einer Nebenform von Matthias (*hebräisch:* Gottesgeschenk)

Maud englische Kurzform von Mathilde

Maureen auch Maura; englische Kurzformen (aus dem Irischen) von Mary; Maura auch isländische Form von Marie; oder *lateinisch:* die Mohrin. *Namenstag:* 21. September

Maxi Kurz- und Koseform von Maximiliane; auch als männlicher Vorname!

Maxilie Kurzform von Maximilienne

Maximiliane *lateinisch:* die Größte.

Bekannte Namensträgerin: Maximiliane La Roche, Mutter von Clemens und Bettina Brentano

Maximilienne französische Form von Maximiliane

May englische Kurzform von Mary

Maya Nebenform von Maja

Mechthild (e) auch Mechtheld; Nebenformen von Mathilde. *Namenstag:* 26. Februar, 6. März, 31. Mai, 6. Juli, 15. August, 19. November

Medea *griechisch:* die Kluge

Meike ostfriesische Kurzform von Vornamen, die mit „Mein-" zusammengesetzt sind; auch als männlicher Vorname!

Meina ostfriesische Kurzform von Vornamen, die mit „Mein-" zusammengesetzt sind

Meinhild (e) *aus dem Althochdeutschen:* Kraft und Kampf

Melanie *griechisch:* die Schwarze, die Dunkle. *Bekannte Namensträgerin:* Melanie Griffith, amerikanische Schauspielerin. *Namenstag:* 31. Dezember

Melina *griechisch-lateinisch:* die von der Insel Melos; oder Kurzform von Emmeline. *Bekannte Namensträgerin:* Melina Mercouri (eigentlich: Maria Amalia Mersouris), griechische Schauspielerin und Politikerin

Melinda Herkunft und Bedeutung ungeklärt; wahrscheinlich zum lateinischen „mellinia" = Honigtrank

Meline Kurzform von Emmeline

Melisande alter deutscher Vorname; von dem gotischen „Amalaswintha", Name einer Meerjungfrau in einer Sage aus dem 14. Jahrhundert

Melissa Nebenform von Melitta. *Namenstag:* 15. September

Melitta auch Melita; *griechisch:* Biene, die Honigsüße. *Namenstag:* 15. September

Mella Herkunft und Bedeutung ungeklärt

Melusine alter deutscher Vorname; von dem gotischen „Amalaswintha", Name einer Meerjungfrau aus einer Sage aus dem 14. Jahrhundert

Memory *amerikanisch:* die Erinnerung

Mena auch Menna; Nebenformen von Meina

Menekse türkischer Vorname persischer Herkunft: Veilchen

Mercedes *spanisch;* hervorgegangen aus dem Fest „Maria de mercede redemptionis captivorum" = Maria von der Gnade der Gefangenenerlösung. Mercedes ist ein Stellvertretername, da aus religiöser Ehrfurcht Maria als Taufname gemieden wurde. *Namenstag:* 24. September

Meret schweizerische Kurzform von Emerentia; oder friesische Form von Margarethe. *Bekannte Namensträgerin:* Meret Becker, deutsche Schauspielerin

M

Merete dänische Kurzform von Margarethe

Merita schwedische Kurzform von Emerita oder Margarete

Merle französischer und amerikanischer Vorname; *aus dem Lateinischen:* Amsel

Merlin *englisch;* vom keltischen „myrddin", „merddin" = Seehügel, Düne; auch als männlicher Vorname!

Merta Kurzform von Emerentia

Meryem türkische Form von Maria

Meryl englische Kurzform von Mary Louise oder Nebenform von Merle. *Bekannte Namensträgerin:* Meryl Streep, amerikanische Schauspielerin und mehrfache Oscarpreisträgerin

Meta Kurz- und Koseform von Margarethe

Mette (a) niederdeutsche Kurz- und Koseformen von Mechthild

Mia Kurz- und Koseform von Maria. *Bekannte Namensträgerin:* Mia Farrow, amerikanische Schauspielerin

Micaela italienische und spanische Form von Michaela

Micha Kurz- und Koseform von Michaela; auch als männlicher Vorname!

Michaela *hebräisch:* wer ist wie Gott. *Bekannte Namensträgerinnen:* Michaela Figini, schweizerische Skiläuferin; Michaela May, deutsche Schauspielerin. *Namenstag:* 24. August

Michèle französische Form von Michaela. *Bekannte Namensträgerin:* Michèle Morgan, französische Filmschauspielerin

Micheline erweiterte Form von Michèle

Michelle englische und französische Form von Michaela. *Bekannte Namensträgerin:* Michelle Pfeiffer, amerikanische Schauspielerin

Mignon französischer Vorname indogermanischer Herkunft; *aus dem Althochdeutschen:* lieben; oder *aus dem Französischen:* niedlich, zierlich

Mike Koseform von Maria; auch als männlicher Vorname!

Mila Kurzform von Emilie oder Ludmilla

Milana erweiterte Form von Mila; oder *slawisch:* die Liebliche

Mildburg *aus dem Althochdeutschen:* gnädig und Schutz

Mildred englische Form von Miltraud. *Bekannte Namensträgerin:* Mildred Scheel, Ärztin, Initiatorin der „Deutschen Krebshilfe". *Namenstag:* 13. Juli

Milena slawische Nebenform von Milana

Milli (a, y) Kurz- und Koseformen von Emilie oder Ludmilla oder Vornamen, die mit „Amal-" zusammengesetzt sind

Miltraud auch Miltrud; *aus dem Althochdeutschen:* gnädig und Kraft, Stärke

Milva italienischer Vorname; wahrscheinlich vom lateinischen „milvus“ = Taubenfalke. *Bekannte Namensträgerin:* Milva (eigentlich: Marina Ilva Biolcati), italienische Sängerin

Mimi kindersprachliche Lallform von Emilie, Maria oder Wilhelmine

Minerva *griechisch-lateinisch:* die Kluge

Minika Kurz- und Koseform von Dominika

Minja Kurzform von Vornamen, die mit „-mina“ zusammengesetzt sind; auch als männlicher Vorname

Minna auch Mina, Mine; Kurz- und Koseformen von Hermine oder Wilhelmine

Mira Kurzform von Mirabella

Mirabella (e) auch Mirabell; *italienisch:* die Wunderbare, Schöne

Miranda *lateinisch:* die Bewundernswerte

Mireille französische Form von Mirella; oder *aus dem Lateinischen:* sich wundern. *Bekannte Namensträgerin:* Mireille Mathieu, französische Sängerin

Mirella italienische Nebenform von Mirabella

Mireta italienische Koseform von Mira oder Mirabella

Mirja finnische Form von Maria

Mirjam auch Miriam; aramäisch-hebräische Form von Maria

Mirl bayerische Kurzform von Maria

Mizzi auch Mizi, Mitzi; Koseformen von Maria

Moana *aus dem Bretonischen:* die Dünne

Modesta (e) *lateinisch:* die Bescheidene. *Namenstag:* 6. November

Moira *griechisch:* Schicksal, Glück

Molly englische Koseform von Mary

Mona *irisch:* die Edle; oder Kurzform von Monika oder Ramona; oder italienische Kurzform von Madonna (alte Anrede für Frau)

Moni Kurz- und Koseform von Monika

Monika auch Monica; *lateinisch-griechisch:* die Einzige. *Bekannte Namensträgerin:* Monika Wulf-Mathies, Gewerkschafterin und EU-Kommissarin. *Namenstag:* 4. Mai, 27. August

Monique französische Form von Monika

Monja amerikanische Kurzform; *aus dem Griechischen:* die Harmonie

Muriel englischer Vorname keltischer Herkunft: die glänzende See. *Bekannte Namensträgerin:* Muriel Sarah Spark, britische Schriftstellerin

Myrna von dem gälischen Namen Muirne = gütig; oder *aramäisch-arabisch:* Myrrhe

Myrtha (e) griechischer Pflanzenname hebräischer Herkunft; wörtlich: bitter

N

Nada Koseform von Ferdinanda

Nadeschda Nebenform von Nadjeschda

Nadine erweiterte Form von Nadja

Nadja auch Nadia; russische Kurz- und Koseformen von Nadjeschda. *Bekannte Namensträgerinnen:* Nadja Tiller, österreichische Filmschauspielerin; Nadja Boulanger, französische Komponistin und Musikpädagogin; Nadja Comaneci, rumänische Turnerin

Nadjeschda *russisch:* Hoffnung

Naemi *hebräisch:* die Liebliche

Naja *grönländisch:* kleine Schwester

Namika *türkisch:* Schreiberin

Nana Koseform von Anna. *Bekannte Namensträgerin:* Nana Mouskouri, griechische Sängerin

Nancy englische Kurzform von Anna. *Bekannte Namensträgerin:* Nancy Reagan, Ehefrau von Ronald Reagan, 40. Präsident der USA

Nanda Kurzform von Ferdinanda

Nanna Koseform von Amanda, Anna oder Johanna; auch nordischer Vorname: Name der Frau des Gottes Baldr

Nanne kindersprachliche Lallform von Anne oder Marianne; auch als männlicher Vorname!

Nannette auch Nanette; französische Koseformen von Anna

Nanon französische und englische Form von Anna

Naomi englische Nebenform von Naemi. *Bekannte Namensträgerin:* Naomi Campell, amerikanische Model

Nasira *türkisch:* Helferin

Nastasja auch Nastassja; russische Kurzformen von Anastasia. *Bekannte Namensträgerin:* Nastassja Kinski, deutsche Schauspielerin

Natalie (a) *lateinisch:* die am Weihnachtstag Geborene. *Bekannte Namensträgerin:* Natalie Wood, amerikanische Filmschauspielerin. *Namenstag:* 27. Juli, 1. Dezember

Natalija russische Form von Natalia

Natalina erweiterte Form von Natalie

Natascha russische Koseform von Natalija

Nate Kurzform von Renate

Nathalie französische Form von Natalie. *Bekannte Namensträgerin:* Nathalie Sarraute, französische Schriftstellerin russischer Herkunft

Neeltje friesische Kurz- und Koseform von Cornelia

Nela friesische Kurzform von Cornelia; Koseform von Manuela

Nelda Kurzform von Thusnelda

Nele Kurzform von Cornelia, Eleonore oder Helene

Nelli (a, y) Kurz- und Koseformen von Cornelia, Helene, Elisabeth, Eleonore. *Bekannte Namensträgerin:* Nelly Sachs, deutsche Dichterin

Nete (a) schwedisch-dänische Kurz- und Koseformen von Agnes, Annette, Antoinette oder Jeannette

Netta (e, i) Kurz- und Koseformen von Annette, Antoinette, Jeannette oder anderen Vornamen, die mit „-etta" oder „-ette" zusammengesetzt sind

Nico italienische Kurz- und Koseform von Nicola; auch als männlicher Vorname!

Nicola weibliche italienische Form von Nikolaus (*griechisch:* Sieg und Volksmenge); auch als männlicher Vorname!

Nicole auch Nicolle, Nikole; französische weibliche Formen von Nikolaus (*griechisch:* Sieg und Volksmenge). *Bekannte Namensträgerinnen:* Nicole (eigentlich: Nicole Hohlsch), deutsche Schlagersängerin; Nicole Uphoff, deutsche Dressurreiterin, mehrfache Olympiasiegerin

Nicoletta italienische Verkleinerungsform von Nicola. *Namenstag:* 6. März

Nike *griechisch:* Name der Siegesgöttin

Niki Koseform von Nikola; auch als männlicher Vorname!

Nikola deutsche Schreibweise von Nicola

Nikoletta deutsche Schreibweise von Nicoletta

Nina (e) Kurzform von Vornamen, die mit „-nina" oder „-nine" zusammengesetzt sind. *Bekannte Namensträgerin:* Nina Hagen (eigentlich: Catherina Hagen), deutsche Popsängerin. *Namenstag:* 24. Februar, 2. Juni, 15. Dezember

Ninja spanisch-portugiesische Form von Nina

Ninon französische Form von Nina

Nita schwedische und dänische Kurzform von Anita und anderen Vornamen, die mit „-ita" zusammengesetzt sind

Noemi Nebenform von Naemi

Nona englischer und schwedischer Vorname; *aus dem Lateinischen:* die Neunte. *Namenstag:* 3. Februar

Nonna schwedische Kurzform von Eleonora oder Yvonne

Nora Kurzform von Eleonora

Noreen irische Koseform von Nora

Norgard *aus dem Althochdeutschen:* Norden und Schutz

Norina italienische erweiterte Form von Nora

Norma englischer Vorname lateinischer Herkunft: Richtschnur, Regel

Notburga auch Notburg; *aus dem Althochdeutschen:* Bedrängnis, Gefahr und Schutz. *Namenstag:* 26. Januar, 14. September, 31. Oktober

Nunzia Kurzform von Annunciata

Nuria spanisch; abgeleitet vom Namen des Muttergottesbildes „Unsere Frau von Nuria"

O

Oceana Neubildung; abgeleitet von Ozean

Octavia auch Oktavia; *lateinisch:* die Achte; aus dem Geschlecht der Octavier. *Bekannte Namensträgerin:* Octavia, römische Kaiserin und Gattin des Nero

Oda Kurzform von Vornamen, die mit „Ot-" oder „Od-" zusammengesetzt sind. *Namenstag:* 20. April, 23. Oktober, 27. November

Odalberta Nebenform von Odilberta

Odalinde *aus dem Althochdeutschen:* Besitz und sanft, mild oder Schild

Odette französische erweiterte Form von Oda; oder französische Verkleinerungsform von Odile

Odila Koseform von Oda

Odilberga *altsächsisch:* Besitz und Schutz

Odilberta Nebenform von Otberta

Odile französische Form von Odilia

Odilgard *altsächsisch:* Besitz und Schutz

Odilia Nebenform von Ottilie. *Namenstag:* 13. Dezember

Odilie latinisierte Form von Ottilie

Odine erweiterte Form von Oda

Okka friesische Kurz- und Koseform von Vornamen, die mit „Od-" zusammengesetzt sind

Oktavia Nebenform von Octavia

Olcay türkischer Vorname; *aus dem Arabischen:* Glück; auch als männlicher Vorname!

Olga russischer Vorname; geht auf Helga zurück. *Bekannte Namensträgerinnen:* heilige Olga, Großfürstin von Kiew; Olga Tschechowa, deutsche Filmschauspielerin. *Namenstag:* 11. Juli

Olinde Nebenform von Odalinde

Oliva Nebenform von Olivia

Olive französische Form von Olivia

Olivia *lateinisch:* der Ölbaum. *Bekannte Namensträgerinnen:* Olivia De Havilland, amerikanische Schauspielerin; Olivia Newton-John, amerikanische Sängerin. *Namenstag:* 5. März

Olli auch Ollie, Olly, Olla; Kurz- und Koseformen von Olivia, Olga oder Ottilie; Olli, Ollie und Olly auch als männliche Vornamen!

Olympia *griechisch:* Name einer Muse auf dem Berg Olympos

Oona irischer Vorname, Bedeutung ungeklärt; wahrscheinlich von Una

Ophelia *griechisch:* Hilfe, Beistand

Orane französische Form von Orania

Orania Nebenform von Urania

Ornella italienische Verkleinerungsform von Orania. *Bekannte Namensträgerin:* Ornella Muti, italienische Schauspielerin

Orseline italienische Nebenform von Orsola

Orsina italienische Nebenform von Orsola

Orsola italienische Form von Ursula

Orsolya ungarische Form von Ursula

Orthia auch Orthea; Kurz- und Koseformen von Dorothea

Orthild (e) *aus dem Althochdeutschen:* Speerspitze und Kampf

Ortlind (e) *aus dem Althochdeutschen:* Speerspitze und sanft, mild oder Schild

Ortrud auch Ortraud; *aus dem Althochdeutschen:* Speerspitze und Kraft, Stärke

Ortrun *aus dem Althochdeutschen:* Speerspitze und Zauber

Ositha Herkunft und Bedeutung ungeklärt

Ostara aus dem angelsächsischen „eastre“ = die im Ostermonat Geborene

Ota Nebenform von Oda

Otberga *aus dem Althochdeutschen:* Besitz und Schutz

Otberta *aus dem Althochdeutschen:* Besitz und glänzend

Otburga auch Otburgis; Nebenformen von Otberga

Otlinde *aus dem Althochdeutschen:* Besitz und sanft, mild oder Schild

Ottegebe *germanisch und althochdeutsch:* Besitz und Gabe

Otti Kurz- und Koseform von Ottilie

Ottilie (a) *aus dem Althochdeutschen:* Besitz. *Namenstag:* 13. September

Oxana ukrainische Nebenform von Xenia

Ozeana Nebenform von Oceana

Paloma *spanisch:* Taube. *Bekannte Namensträgerin:* Paloma Picasso, französische Designerin, Tochter von Pablo Picasso

Pamela englischer Vorname griechischer Herkunft; wahrscheinlich: alles und Gesang, vermutlich eine Erfindung Sir Philip Sidneys für eine Gestalt seines Romans „Arcadia“ (1590). *Bekannte Namensträgerin:* Pamela Anderson, amerikanische Schauspielerin

Pamina Name einer Gestalt in Mozarts Oper „Zauberflöte“; Herkunft und Bedeutung ungeklärt; wahrscheinlich *aus dem Griechischen:* Vollmondnacht

Panja russische Kurzform verschiedener Vornamen, die mit „-nja“ zusammengesetzt sind

Pankrazia auch Pancratia; *griechisch:* die Allmächtige

Paola italienische Form von Paula. *Bekannte Namensträgerin:* Paola (eigentlich: Paoladel Medico), schweizerische Sängerin und Moderatorin

Pat Kurz- und Koseform von Patrizia; auch als männlicher Vorname!

Patrizia auch Patricia; *lateinisch:* die Patrizierin. *Bekannte Namensträgerinnen:* heilige Patricia von Neapel, Patronin der Pilger; Gracia Patricia, Fürstin von Monaco; Patricia Highsmith, amerikanische Krimiautorin. *Namenstag:* 13. März, 15. August

P

Patsy englische Koseform von Patrizia

Patty englische Koseform von Patrizia

Paula *lateinisch:* die Kleine. *Bekannte Namensträgerinnen:* Paula Modersohn-Becker, deutsche Malerin; Paula Wessely, österreichische Schauspielerin. *Namenstag:* 26. Januar

Pauletta Koseform von Paula

Paulette französische Koseform von Paula

Pauline erweiterte Form von Paula. *Namenstag:* 13. März

Pavla slawische Form von Paula

Pearl englisch-amerikanischer Vorname; *aus dem Lateinischen:* Perle

Peggy auch Peg; englische Koseform von Margarethe. *Bekannte Namensträgerin:* Peggy March (eigentlich: Margret Annemarie Batavio), amerikanische Sängerin

Pepita spanische Lallform von Josepha

Peppi Koseform von Josepha; auch als männlicher Vorname!

Perdita *lateinisch:* die Verlorene, Hoffnungslose

Perette französische Form von Petra

Pernetta Nebenform von Petronella

Perpetua *lateinisch:* die Beständige

Petra *griechisch:* die Felsenfeste. *Bekannte Namensträgerinnen:* Petra Kelly, deutsche Politikerin; Petra Schürmann, deutsche Fernsehmoderatorin

Petrina erweiterte Form von Petra

Petronella (e) italienische Koseformen von Petronia. *Bekannte Namensträgerin:* heilige Petronella, Märtyrerin aus dem 1. Jahrhundert. *Namenstag:* 31. Mai

Petronia weibliche Form von Petronius (*lateinisch:* zum altrömischen Geschlecht der Petronier gehörend, ursprünglich vom griechischen „petros“ = Fels)

Petula englischer Vorname; *vielleicht aus dem Lateinischen:* mutwillig, kess, leichtfertig

Phia Kurzform von Sophia

Phila *griechisch:* lieben

Philine *griechisch:* die Geliebte, die Freundin

Philippa *griechisch:* die Pferdefreundin. *Namenstag:* 16. Februar, 1. Mai

Philippine Koseform von Philippa

Philomela (e) *griechisch:* die Freundin des Gesanges, die Nachtigall

Philomena (e) *griechisch:* die Geliebte. *Namenstag:* 11. August

Phöbe *griechisch:* die Glänzende, Leuchtende

Phyllis *griechisch:* Blatt, Zweig, Laub

Pia *lateinisch:* die Fromme. *Namenstag:* 6. Januar, 19. Januar

Piata erweiterte Form von Pia

Pierrette französische Verkleinerungsform von Perette

Pierrine französische Verkleinerungsform von Perette

Pietje ostfriesische Koseform von Petra

Pilar *spanisch:* Pfeiler, Säule; eine Abkürzung aus Maria del Pilar, einem wundertätigen Marienbild am Pfeiler einer spanischen Kirche. Pilar wurde aus religiöser Ehrfurcht stellvertretend für Maria als Taufname gewählt. *Namenstag:* 12. Oktober. Auch als männlicher Vorname!

Pippa italienische Koseform von Philippa

Pirkko finnische Form von Brigitte

Piroschka auch Piroska; ungarische Nebenform von Prisca

Plektrude *aus dem Althochdeutschen:* Glanz und Kraft, Stärke

Plektrudis Nebenform von Plektrude

Poldi süddeutsche Kurz- und Koseform von Leopoldine; auch als männlicher Vorname!

Polli Kurzform von Apollonia, Leopoldine

Polly englische Koseform von Apollonia oder Leopoldine

Polyxenia *griechisch:* viel und gastfreundlich

Praxedis *griechisch:* die Wohltätige

Preziosa auch Pretiosa; *lateinisch:* die Vortreffliche

Prisca *lateinisch:* alt, ehrwürdig. *Namenstag:* 18. Januar, 21. Oktober

Priscilla erweiterte Form von Prisca. *Bekannte Namensträgerin:* Priscilla Presley, amerikanische Schauspielerin

Priska tschechische Form von Prisca

Prudence französische Form von Prudentia

Prudentia *lateinisch:* die Klugheit, Besonnenheit

Pulcheria *lateinisch:* die Schöne

Rabea vermutlich aus dem hebräischen „rabja“ = ein Mädchen

Rabia türkisch-arabische Nebenform von Rabea

Rachel Nebenform und englische und französische Form von Rahel

Rachil russische Form von Rahel

Rada Kurzform von Vornamen, die mit „Rade-“ zusammengesetzt sind

Radegund (e) auch Redegundis; *aus dem Althochdeutschen:* Rat, Ratgeberin und Kampf. *Namenstag:* 12. August

Radmilla *südslawisch:* froh und lieb, angenehm

Raffaela (e) Nebenform von Raphaela

Raffaella italienische Form von Raphaela

Ragna nordische Kurzform von Vornamen, die mit „Ragin-“ zusammengesetzt sind, z.B. Ragnhild

Ragnhild nordische Form von

R

Reinhild. *Bekannte Namensträgerin:* Ragnhild, Prinzessin von Norwegen

Rahel *hebräisch:* Lamm, Schaf. *Bekannte Namensträgerin:* Rahel Levin, Gattin von V. von Ense und Brieffreundin zahlreicher bedeutender Literaten und Philosophen ihrer Zeit. *Namenstag:* 11. Juli, 30. September

Raimunde (a) auch Reimunde; *aus dem Althochdeutschen:* Rat, Ratschluss und Schutz

Ramona spanische weibliche Form von Ramón, der spanischen Form von Raimund (*aus dem Althochdeutschen:* Rat, Ratschluss und Schutz). *Bekannte Namensträgerinnen:* Ramona (eigentlich: Ramona Kraft), deutsche Sängerin und Schauspielerin; Ramona Leiß, deutsche Fernsehmoderatorin

Rantje friesische Koseform von Vornamen, die mit „Rant-" zusammengesetzt sind

Rantraut *aus dem Althochdeutschen:* Schildrand und Kraft, Stärke

Raquel spanische Form von Rahel. *Bekannte Namensträgerin:* Raquel Welch, amerikanische Schauspielerin

Raphaela *hebräisch:* Gott heilt

Rata Kurzform von Radegund

Ratburg (a) *aus dem Althochdeutschen:* Rat, Ratgeberin und Schutz

Ratgard *aus dem Althocheutschen:* Rat, Ratgeberin und Schutz

Rathild (e) *aus dem Althochdeutschen:* Rat, Ratgeberin und Kampf

Raunhild Nebenform von Runhild

Raute Kurz- und Koseform von Rautgund

Rautgund (e) *aus dem Althochdeutschen:* Rat, Ratgeberin oder vielleicht Ruhm und Kampf

Rea Name einer Gestalt der griechischen Mythologie

Rebekka auch Rebecca; *hebräisch:* wahrscheinlich „die Bestrickende, die Fesselnde". *Bekannte Namensträgerin:* Rebecca West, angloirische Schriftstellerin. *Namenstag:* 23. März

Recha Nebenform von Reka

Rega Koseform von Regina

Regel schweizerische Kurzform von Regula

Regina (e) *lateinisch:* die Königin. *Bekannte Namensträgerin:* Regine Hildebrandt, deutsche Politikerin. *Namenstag:* 18. Januar, 22. August, 7. September, 20. Dezember

Régine französische Form von Regina

Regiswinda (e) *aus dem Althochdeutschen:* Rat, Beschluss und stark

Reglind (e) auch Reglindis; *aus dem Althochdeutschen:* Rat, Beschluss und sanft, mild

Regula *lateinisch:* die Norm, der

Maßstab; vielleicht ursprünglich zu dem althochdeutschen „regin" = Rat, Beschluss. *Namenstag:* 11. September

Reikhild niederländische und friesische Form von Richhild

Reilinde Nebenform von Reglinde

Reimunde andere Form von Raimunde

Reina ostfriesische Kurzform von Vornamen, die mit „Rein-" zusammengesetzt sind; auch Kurzform von Regina

Reinburga *aus dem Althochdeutschen:* Rat, Beschluss und Schutz

Reingard *aus dem Althochdeutschen:* Rat, Beschluss und Schutz

Reinhild (e) *aus dem Althochdeutschen:* Rat, Beschluss und Kampf. *Bekannte Namensträgerin:* Reinhild Hoffmann, deutsche Choreografin. *Namenstag:* 6. Februar, 7. März, 30. Mai, 16. Juli

Reintje friesische Kurzform von Vornamen, die mit „Rein-" zusammengesetzt sind; auch als männlicher Vorname!

Reintraud (e) auch Reintrud; *aus dem Althochdeutschen:* Rat, Beschluss und Kraft, Stärke

Reka *hebräisch:* weich, zart; auch friesische Kurzform von Vornamen, die mit „Red-" zusammengesetzt sind

Rena Kurz- und Koseform von Renate, Irene, Verena

Renate (a) *lateinisch:* die Wiedergeborene. *Bekannte Namensträgerinnen:* Renate Schmidt, deutsche Politikerin; Renata Tebaldi, italienische Opernsängerin. *Namenstag:* 23. April, 22. Mai

Renée französische Form von Renate. *Bekannte Namensträgerin:* Renée Sintenis, deutsche Bildhauerin

Renette französische Koseform von Renée

Reni Kurz- und Koseform von Renate, Irene, Verena

Renja russische Kurzform von Regina; auch als männlicher Vorname!

Renske auch Renskea; ostfriesische Kurzformen von Vornamen, die mit „Rein-" zusammengesetzt sind

Rentje friesische Kurzform von Renate; auch als männlicher Vorname!

Resi oberdeutsche Kurzform von Therese

Rhea Bedeutung ungeklärt; Name einer Gestalt der griechischen Mythologie

Rhena Herkunft und Bedeutung ungeklärt

Rhonda Herkunft und Bedeutung ungeklärt

Ria Kurzform von Maria. *Bekannte Namensträgerin:* Ria Baran-Falk, deutsche Eiskunstläuferin

Rica Kurzform von Erika, Ricarda, Rikarda und Vornamen, die mit „-rike" zusammengesetzt sind

Ricarda spanische Form von Ri-

R

charda. *Bekannte Namensträgerin:* Ricarda Huch, deutsche Schriftstellerin

Riccarda italienische Form von Richarda

Richarda *aus dem Althochdeutschen:* reich, mächtig und hart, stark, kühn. *Namenstag:* 18. September

Richhild (e) auch Richild; *aus dem Althochdeutschen:* reich, mächtig und Kampf

Rika (e) auch Rica, Rikea; Kurzformen von Richarda, Henrike und anderen Vornamen, die mit „-rike" zusammengesetzt sind

Rina Kurzform von Vornamen, die mit „-rina" zusammengesetzt sind

Rita italienische Kurzform von Margarethe. *Bekannte Namensträgerinnen:* Rita Hayworth (eigentlich: Margarita Carmen Cansino), amerikanische Filmschauspielerin; Rita Süssmuth, deutsche Politikerin. *Namenstag:* 22. Mai

Roberta *aus dem Althochdeutschen:* Ruhm und glänzend

Robertina (e) Verkleinerungsformen von Roberta

Rodegard *aus dem Althochdeutschen:* Ruhm und Schutz

Rodehild (e) *aus dem Althochdeutschen:* Ruhm und Kampf

Rolande (a) *aus dem Althochdeutschen:* Ruhm und kühn

Roma Kurzform von Romana

Romana *lateinisch:* die Römerin

Romi (y) Kurzformen von Rosemarie. *Bekannte Namensträgerin:* Romy Schneider (eigentlich: Rosemarie Albach), österreichisch-deutsche Schauspielerin

Romika Neubildung aus Rosemarie und Katharina; auch ungarische Form von Romana

Romina Nebenform von Romana. *Bekannte Namensträgerin:* Romina Power, italienische Sängerin

Rona Kurzform von Corona oder Rowena

Ronda Nebenform von Rhonda

Ronny auch Ronnie; englische Kurz- und Koseform von Veronika; auch als männlicher Vorname!

Rosa *lateinisch:* die Rose; oder Kurzform von Rosalinde. *Bekannte Namensträgerinnen:* heilige Rosa von Lima, Patronin Amerikas; Rosa Luxemburg, deutsche Politikerin. *Namenstag:* 23. August, 4. September, 7. Oktober

Rosabella *italienisch:* schöne Rose

Rosalia (e) italienische erweiterte Form von Rosa. *Namenstag:* 4. September

Rosalinde (a) *aus dem Althochdeutschen:* Ruhm und sanft, mild oder Schild

Rosamunde (a) *aus dem Althochdeutschen:* Ruhm und Schutz. *Bekannte Namensträgerin:* Rosamunde Pilcher, englische Bestsellerautorin. *Namenstag:* 30. April

Rosanna italienische Zusammensetzung aus Rosa und Anna oder Rosa und Marianne

Rosaria erweiterte Form von Rosa oder Zusammensetzung aus Rosa und Maria

Rose Nebenform von Rosa

Rosemarie Zusammensetzung aus Rose und Maria

Rosette (a) französische und italienische Verkleinerungsformen von Rosa

Rosi oberdeutsche Kurz- und Koseform von Rosa. *Bekannte Namensträgerin:* Rosi Mittermaier, deutsche Skirennläuferin und Olympiasiegerin

Rosika ungarische Koseform von Rosa

Rosina (e) *lateinisch:* die Rosenfarbige. *Namenstag:* 10. März

Rosita spanische Verkleinerungsform von Rosa

Rossana italienische Form von Roxana

Roswitha auch Hroswitha; *aus dem Althochdeutschen:* Ruhm und Stärke. *Bekannte Namensträgerin:* Roswitha von Gandersheim, erste bekannte deutsche Dichterin. *Namenstag:* 29. April, 5. September

Rotraud auch Rotraut; Rotrud; *aus dem Althochdeutschen:* Ruhm und Kraft. *Namenstag:* 22. Juni

Rowena englischer Vorname; vielleicht aus dem altenglischen „hreod" = Ruhm und dem germanischen „wini" = Freund

Roxana (e) *aus dem Persischen:* die Glänzende, die Morgenröte

Roxanne Nebenform von Roxana

Rudolfa auch Rudolfine; *aus dem Althochdeutschen:* Ruhm und Wolf

Runa Kurzformen von Vornamen, die mit „Run-" zusammengesetzt sind. Runa kann als männlicher Vorname gewählt werden, wenn ein eindeutig männlicher Zweitname vergeben wird

Runhild (e) *aus dem Althochdeutschen:* Geheimnis, Zauber und Kampf

Ruperta weibliche Form von Rupert (*aus dem Althochdeutschen:* Ruhm, Ehre und glänzend)

Rupertina erweiterte Form von Ruperta

Rut skandinavische Form von Ruth

Rutgard *aus dem Althochdeutschen:* Ruhm und Schutz

Ruth *hebräisch:* Freundin, Freundschaft; oder Erquickung. *Bekannte Namensträgerinnen:* Ruth Schaumann, deutsche Schriftstellerin; Ruth Maria Kubitschek, deutsche Schauspielerin; Ruth Berghaus, deutsche Opernregisseurin. *Namenstag:* 1. September

Ruthild (e) Nebenformen von Rodehild(e)

Rüya *türkisch:* Traum

Sabine (a) *lateinisch:* die Sabinerin. *Bekannte Namensträgerinnen:* Sabine Sinjen, deutsche Schauspielerin; Sabine Christiansen, deutsche Nachrichtenredakteurin; Sabine Sauer, deutsche Fernsehmoderatorin; Sabine Braun, deutsche Leichtathletin. *Namenstag:* 29. August

Sabrina *aus dem Englischen:* Name einer Flussnymphe

Salinde Kurzform von Rosalinde

Salka slawische Kurzform von Salwija

Sally englische Koseform von Sarah. *Bekannte Namensträgerin:* Sally Field, amerikanische Schauspielerin und Oscarpreisträgerin. Auch als männlicher Vorname!

Salome *hebräisch:* die Friedsame. *Namenstag:* 29. Juni, 22. Oktober, 17. November

Salvina *lateinisch:* die Gerettete, die Unversehrte

Salwa Nebenform von Salvina

Salwija slawischer Vorname; *nach dem Lateinischen:* unversehrt

Samantha amerikanischer Vorname hebräischer Herkunft: die Hörende, die Zuhörerin. *Bekannte Namensträgerin:* Samantha Fox, englische Sängerin

Samira arabischer Vorname; ursprünglich: die Unterhalterin

Sandra auch Sandria; Kurzformen von Alexandra. *Bekannte Namensträgerinnen:* Sandra Paretti, deutsche Bestsellerautorin; Sandra, deutsche Schlagersängerin; Sandra Bullock, amerikanische Filmschauspielerin

Sandrina (e) Koseformen von Sandra. *Namenstag:* 2. April

Sandy englische Koseform von Alexandra; auch als männlicher Vorname!

Sanetra Herkunft und Bedeutung ungeklärt

Sanja russische Kurzform von Alexandra; auch als männlicher Vorname!

Sanna (e, i, y) Kurz- und Koseformen von Susanne, Susanna

Saphira *griechisch:* Saphir, Edelstein; ursprünglich *hebräisch:* die Schöne

Sarah auch Sara; *hebräisch:* Fürstin, Herrin. *Bekannte Namensträgerinnen:* Sarah Bernhardt (eigentlich: Henriette Rosine Bernard), französische Schauspielerin; Sarah Kirsch, deutsche Schriftstellerin. *Namenstag:* 13. Juli, 1. September, 10. Dezember

Sarina erweiterte Form von Sarah

Sascha russische Kurzform von Alexandra, auch als männlicher Vorname!

Saskia *niederländisch:* die Sächsin. *Bekannte Namensträgerin:* Saskia van Uijlenburgh, Gattin des Malers Rembrandt

Scarlett *amerikanisch:* scharlachrot

Schirin *persisch:* die Süße

Scholastika *lateinisch:* die Lernende, Schülerin. *Namenstag:* 10. Februar

Schöntraud *aus dem Althochdeutschen:* schön und Kraft, Stärke

Schwabhild *aus dem Althochdeutschen:* Schwäbin und Kampf

Schwanhild (e) *aus dem Althochdeutschen:* Schwan und Kampf

Sebastiane *griechisch:* die Ehrwürdige, Erhabene

Sébastienne französische Form von Sebastiane

Sedania Ableitung von dem französischen Ortsnamen Sedan

Segelke niederdeutsche und friesische Kurzform von Vornamen, die mit „Sieg-" zusammengesetzt sind

Selastika Nebenform von Scholastika

Selina (e) englischer Vorname; nach Celina; auch zum griechischen „Selene", Name der Mondgöttin

Selke niederdeutsche und niederländische Kurzform; Bedeutung ungeklärt

Selma Kurzform von Anselma; auch arabisch-türkische Nebenform von Salome. *Bekannte Namensträgerin:* Selma Lagerlöf, schwedische Schriftstellerin und Nobelpreisträgerin

Senta Kurzform von Kreszentia oder Vincenta. *Bekannte Namensträgerin:* Senta Berger, österreichische Filmschauspielerin

Sephora ursprünglich hebräischer Vorname; wahrscheinlich: Schönheit

Serafine (a) italienische Nebenformen von Seraphine (a)

Seraphine (a) *hebräisch:* die Brennende, die Feurige

Serena *lateinisch:* die Heitere, Fröhliche. *Namenstag:* 30. Januar

Severa *lateinisch:* die Strenge, Ernste

Sharon englisch-amerikanischer Vorname; wahrscheinlich nach einem biblischen Ortsnamen. *Bekannte Namensträgerin:* Sharon Stone, amerikanische Schauspielerin

Sheila englische Form des irischen Namens Sile

Shirin englische Form von Schirin

Shirley englischer Vorname; ursprünglich Ortsname; aus dem altenglischen „scirleah" = von der leuchtenden Wiese, helle Lichtung. *Bekannte Namensträgerinnen:* Shirley Temple, amerikanischer Filmstar; Shirley Bassey, amerikanische Sängerin; Shirley MacLaine, amerikanische Schauspielerin und Autorin

Shoshana hebräische Form von Susanna

Sibille Nebenform von Sibylle

Sibyl englische Form von Sibylle

Sibylle (a) Vorname griechischer Herkunft: die Prophetin, die Seherin. *Bekannte Namensträgerin:* Maria Sibylla Merian, Botanike-

S

rin und Kupferstecherin. *Namenstag:* 9. Oktober

Sida Kurz- und Koseform von Sidonia

Sidoine französische Form von Sidonia

Sidonia (e) *lateinisch:* die Frau aus Sidon

Siegburg (a) *aus dem Althochdeutschen:* Sieg und Schutz

Sieglinde auch Sigelind; *aus dem Althochdeutschen:* Sieg und sanft, mild oder Schild. *Namenstag:* 24. Juli

Siegrid Nebenform von Sigrid

Siegrun Nebenform von Sigrun

Siegtraud *aus dem Althochdeutschen:* Sieg und Stärke

Siegtrud Nebenform von Siegtraud

Sieke niederdeutsch-friesische Kurzform von Vornamen, die mit „Sieg-" zusammengesetzt sind

Sigi auch Siggi; Kurz- und Koseformen von Vornamen, die mit „Sieg-" oder „Sig-" zusammengesetzt sind; auch als männlicher Vorname!

Sigismunde (a) weibliche Formen von Sigismund (*aus dem Althochdeutschen:* Sieg und Schutz)

Sigmunde Nebenform von Sigismunde

Signe nordischer Vorname; ursprünglich *aus dem Althochdeutschen:* Sieg

Sigrid *aus dem Altisländischen:* Sieg und schön. *Bekannte Namensträgerin:* Sigrid Undset, norwegische Erzählerin und Nobelpreisträgerin. *Namenstag:* 7. Januar, 5. Mai, 4. August

Sigrun *aus dem Althochdeutschen:* Sieg und Geheimnis, Zauber

Sigune Kurzform von Vornamen, die mit „Sieg-" zusammengesetzt sind; oder aus dem altisländischen „sigr" = Sieg und „unn" = Welle, Flut

Sile irische Kurzform von Cäcilie

Silja finnische und schwedische Dialektform von Cäcilie

Silje ostfriesische Kurzform von Cäcilie

Silke (a) auch Sylke; schwedische und niederdeutsche Kurzformen von Cäcilie

Silva schwedische und tschechische verkürzte Form von Silvia

Silvana italienische weibliche Form von Silvan (Neubildung aus dem lateinischen „silva" = Wald)

Silvelin Koseform von Silvia oder Silva

Silvetta italienische Form von Silvia

Silvette französische Form von Silvia

Silvia auch Sylvia; vom lateinischen „silva" = Wald. *Bekannte Namensträgerin:* Silvia, schwedische Königin. *Namenstag:* 10. März, 3. November

Silvina erweiterte Form von Silvia

Simona italienische weibliche Form von Simon, einer Nebenform von Simeon (*hebräisch:* Erhörung)

Simone französische weibliche Form von Simon, einer Nebenform von Simeon (*hebräisch:* Erhörung). *Bekannte Namensträgerinnen:* Simone de Beauvoir, französische Schriftstellerin; Simone Signoret, französische Schauspielerin. Auch als männlicher Vorname!

Simonetta italienische Koseform von Simona

Simonette französische Koseform von Simone

Sina Kurzform von Vornamen, die mit „-sina" zusammengesetzt sind, z.B. Gesina oder Rosina

Sinja Kurzform von Gesine

Siri schwedische Kurzform von Sigrid

Sirii finnische Form von Sigrid

Sirin Nebenform von Sirii

Sirun Kurzform von Sigrun

Siska schwedische Kurzform von Franziska

Sissa (i) schwedische Kurzformen von Cäcilie

Sissy Kurz- und Koseform von Elisabeth

Sitta Kurz- und Koseform von Sidonie

Siw (f, v) *nordisch:* Verwandte, Braut, Ehefrau; auch Kurzform von Elisabeth

Sixta *griechisch:* die Feine, Glatte

Sixtina erweiterte Form von Sixta

Slavka slawische Kurzform von Vornamen, die mit „-slava" zusammengesetzt sind

Sofia (e) Nebenform von Sophia (e)

Solveig *norwegisch:* Haus, Saal und Kampf

Sondra amerikanischer Vorname; wahrscheinlich von Alexandra abgeleitet

Sonia Nebenform von Sonja

Sonja russische Koseform von Sophia. *Bekannte Namensträgerin:* Sonja Ziemann, schweizerische Schauspielerin

Sonngard Zusammensetzung aus Sonne und dem althochdeutschen „gard" = Schutz

Sophia (e) *griechisch:* die Weisheit. *Bekannte Namensträgerin:* Sophia Loren, italienische Filmschauspielerin; Sophie Scholl, Widerstandskämpferin gegen das Hitlerregime. *Namenstag:* 15. Mai, 3. September

Soraya *persisch:* wohl, gut und König, Reich. *Bekannte Namensträgerin:* Soraya, ehemaige Kaiserin von Persien

Stanze (i) auch Stanzerl; Kurz- und Koseformen von Konstanze

Stefanie auch Stefania, Stephanie; *griechisch:* Krone, Kranz. *Bekannte Namensträgerinnen:* Stefanie Werger, österreichische Sängerin, Komponistin und Texterin; Stephanie, Prinzessin von Monaco. *Namenstag:* 26. März, 14. Mai, 26. Dezember

Steffi Kurz- und Koseform von Stefanie. *Bekannte Namens-*

S T

trägerin: Steffi Graf (eigentlich: Stefanie Graf), deutsche Tennisspielerin. Auch als männlicher Vorname!

Stella *lateinisch:* Stern

Stephanie Nebenform von Stefanie

Stine (a) friesische Kurzformen von Augustine, Christine oder Ernestine

Su Kurzform von Susanne

Sue englische Kurzform von Susanne

Sulamith *hebräisch:* die Friedliche

Suleika *arabisch:* die Verführerin

Susan englische Form von Susanne. *Bekannte Namensträgerin:* Susan Sarandon, amerikanische Schauspielerin

Susanka slawische Koseform von Susanne

Susanne (a) *hebräisch:* die Lilie. *Bekannte Namensträgerinnen:* Susanne von Klettenberg, deutsche Schriftstellerin; Susanne Uhlen, deutsche Schauspielerin. *Namenstag:* 11. August

Suse (a, i, y) Kurz- und Koseformen von Susanne

Susette auch Suzette; französische Koseformen von Susanne

Suzanne französische Form von Susanne

Svea schwedischer Vorname; Personifizierung Schwedens

Svetlana Nebenform von Swetlana

Swanhild (e) *aus dem Althochdeutschen:* Schwan und Kampf

Swantje auch Swaantje; friesische Kurz- und Koseformen von Vornamen, die mit „Swan-“ zusammengesetzt sind, z.B. Swanhild

Swetlana *russisch:* hell

Sybil englische Form von Sibylle

Sylvaine französische weibliche Form von Silvan (Neubildung aus dem latinischen „silva“ = Wald)

Sylvana Nebenform von Silvana

Sylvia Nebenform von Silvia. *Bekannte Namensträgerin:* Sylvia Plath, amerikanische Schriftstellerin

Sylviane erweiterte Form von Sylvia

Sylvianne erweiterte Form von Sylvia

Syra vermutlich: die Syrerin

Syrina vermutlich erweiterte Form von Sirin

Tabea Nebenform von Tabitha

Tabitha *hebräisch:* die Gazelle

Tale auch Taleja; niederdeutsch-ostfriesische Kurzformen von Adelheid

Talida friesische Kurzform von Vornamen, die mit „Diet-“ zusammengesetzt sind; auch zu Talitha

Taline Nebenform von Talida

Talitha *hebräisch:* Mädchen

Tamara russischer Vorname; aus dem hebräischen „tamar“ = Palme. *Bekannte Namensträgerinnen:* Tamara de Lempicka, polnische Malerin; Tamara Bunke, deutsche Revolutionärin, Mitstreiterin von Che Guevara. *Namenstag:* 29. Dezember

Tania romanisierte Nebenform von Tanja. *Bekannte Namensträgerin:* Tania Blixen (eigentlich: Baronin Karen Christence Blixen-Finecke), dänische Schriftstellerin

Tanja russische Kurz- und Koseformen von Tatjana

Tasja russische Kurzform von Anastasia

Tatiana latinisierte Nebenform von Tatjana

Tatjana russischer Vorname; vermutlich vom lateinischen „Tatianus“ = Name eines Sabinerkönigs. *Namenstag:* 12. Januar

Teida ostfriesische Kurzform von Adelheid

Teresa englische, italienische und spanische Form von Therese. *Bekannte Namensträgerin:* Mutter Teresa (eigentlich: Agnes Gonxha Bojaxhui), albanisch-indische Ordensschwester, Friedensnobelpreisträgerin

Terezie tschechische Form von Therese

Terka ungarische Form von Therese

Terry amerikanische Kurz- und Koseform von Therese

Terzia auch Tertia; *lateinisch:* die Dritte

Tessa auch Tess, Tessy; englische Kurzformen von Therese

Tetje friesische Kurzform von Vornamen, die mit „Diet-“ zusammengesetzt sind; auch als männlicher Vorname!

Thea auch Tea; Kurzformen von Dorothea, Theodora oder Therese. *Bekannte Namensträgerin:* Thea von Harbou, deutsche Schriftstellerin. *Namenstag:* 25. Juli

Theamaria Zusammensetzung aus Thea und Maria

Theda niederdeutsch-ostfriesische Kurzform von Adelheid

Theite Nebenform von Teida

Thekla *griechisch:* Gott und Ruhm; auch Kurzform von Theodora. *Bekannte Namensträgerin:* Thekla Carola Wied, deutsche Schauspielerin. *Namenstag:* 23. September, 28. September

Theoda Kurzform von Vornamen, die mit „Theo-“ zusammengesetzt sind

Theodelinde auch Theolind; Nebenformen von Dietlind

Theodora (e) *griechisch:* Geschenk Gottes. *Namenstag:* 29. August

Theodosia *griechisch:* Gottesgabe

Theophora *griechisch:* Gottesträgerin

Thérès französische Form von Therese

Therese (a) auch Theres, Theresia; *griechisch:* die Frau von der Insel Thera. *Bekannte Namensträgerinnen:* heilige Theresa von Avila, Klostergründerin und Reformerin des Karmeliterordens; Therese Giehse, deutsche Schau-

T

spielerin. *Namenstag:* 9. Mai, 5. September, 1. Oktober, 15. Oktober

Theresina erweiterte Form von Theresa

Thery Kurzform von Therese

Thesi auch Thesy; Kurzformen von Therese

Thilde auch Tilde; Kurzformen von Mathilde

Thona Kurzform von Antonia

Thora auch Tora; nordische Vornamen; Kurzformen von Vornamen, die mit „Thor-" zusammengesetzt sind

Thorina erweiterte Form von Thora

Thorhild Nebenform von Torhild

Thurid Nebenform von Turid

Thusnelda Name der Frau des Arminius; wahrscheinlich *aus dem Althochdeutschen:* Riese und Kampf

Thymiane nach dem Pflanzennamen

Thyra schwedischer Vorname; latinisierte Form eines altschwedischen Namens, gebildet aus: Thor und Kampf

Tiada friesische Form von Vornamen, die mit „Diet-" zusammengesetzt sind

Tiana Kurzform von Christiana

Tibeta ostfriesische Form von Dietberga

Tibetha Nebenform von Tibeta

Till Kurz- und Koseform von Mathilde oder Ottilie; auch als männlicher Vorname!

Tilla (i, y) Kurz- und Koseformen von Mathilde oder Ottilie

Tilse niederdeutsch-friesische Koseform von Elisabeth

Tina (e, i) Kurz- und Koseformen von Vornamen, die mit „-tina" oder „-tine" zusammengesetzt sind. *Bekannte Namensträgerin:* Tina Turner, amerikanische Popsängerin

Tinette französische Koseform von Tina

Tinka Kurz- und Koseform von Katinka

Tirza *hebräisch:* Liebreiz

Titine französische Koseform von Christine

Tizia auch Titia; Kurzformen von Lätitia

Tjada friesische Kurzform von Vornamen, die mit „Diet-" zusammengesetzt sind

Tjadina erweiterte Form von Tjada

Toni (y) Kurz- und Koseformen von Antonia. *Bekannte Namensträgerin:* Toni Morrison, amerikanische Schriftstellerin, Nobelpreisträgerin. Auch als männlicher Vorname!

Tonja russische Kurzform von Antonia

Topsy ostfriesische Kurzform von Vornamen, die mit „Tob-" zusammengesetzt sind

Torhild *aus dem Nordischen:* Thor und Kampf

Torid zu Thor und dem altnordischen „fridhr" = Friede

Tosca *italienisch:* die Toskanerin

Toska eingedeutschte Form von Tosca

Tosja russische Kurzform von Antonina

Tove dänische Kurzform von Vornamen, die mit „Tor-" zusammengesetzt sind; im Schwedischen auch als männlicher Vorname!

Traude (i) auch Traudel; Kurz- und Koseformen von Vornamen, die mit „-traud" zusammengesetzt sind

Traudhild (e) *aus dem Althochdeutschen:* Stärke und Kampf

Traute (i) auch Trautel; Kurz- und Koseformen von Vornamen, die mit „-traut" zusammengesetzt sind

Tressa englische Kurzform von Therese

Trina (e) Kurz- und Koseformen von Katharina

Trinidad *spanisch:* Dreieinigkeit

Trix (a, i) Kurz- und Koseformen von Beatrix

Trude (i) Kurzformen von Gertrud

Trudhild (e) Nebenformen von Traudhild (e)

Tulla (e) Kurz- und Koseformen von Ursula

Turandot *keltisch:* wahrscheinlich: spröde

Turid nordische Form von Torid

Tyra Nebenform von Thyra. *Bekannte Namensträgerin:* Tyra Banks, amerikanisches Model

Uda friesische Kurzform von Vornamen, die mit „Ud-" zusammengesetzt sind

Udele ältere Nebenform von Adele

Ula Nebenform von Ulla

Ulfhild nordische Form von Wolfhild

Uli auch Ulli; Koseformen von Ulrike und Ursula; auch als männliche Vornamen!

Ulita russische Form von Julietta

Ulitta Nebenform von Ulita

Uljana russische Form von Juliane

Ulla (i) Kurzformen von Ursula oder Ulrike. *Bekannte Namensträgerinnen:* Ulla Hahn, deutsche Schriftstellerin; Ulla Kock am Brink, deutsche Fernsehmoderatorin. Ulli auch als männlicher Vorname!

Ulla-Britt schwedische Zusammensetzung aus Ulla und Britt

Ulrika Nebenform von Ulrike

Ulrike *aus dem Althochdeutschen:* Erbgut, Heimat und reich, mächtig. *Bekannte Namensträgerin:* Ulrike Meyfarth, deutsche Hochspringerin und Olympiasiegerin

Ultima *lateinisch:* die letzte (Tochter)

Ulvhild schwedische Nebenform von Ulfhild

Una englischer Vorname; Bedeutung ungeklärt; vielleicht vom lateinischen „una" = die Einzige. *Namenstag:* 15. April

Undine *lateinisch:* die Nixe, die Welle

Urania *griechisch:* Himmel
Urd (a) schwedischer Vorname; altnordischer Name einer germanischen Schicksalsgöttin
Ursel oberdeutsche Kurzform von Ursula
Ursine (a) *lateinisch:* die Bärin; auch Nebenform von Ursula
Ursola spanische Form von Ursula
Ursula *lateinisch:* die kleine Bärin. *Bekannte Namensträgerinnen:* Ursela Monn, deutsche Schauspielerin; Ursula Andress, schweizerische Schauspielerin. *Namenstag:* 20. Januar, 21. Oktober
Ursulane auch Ursuline; erweiterte Formen von Ursula
Uschi Koseform von Ursula. *Bekannte Namensträgerin:* Uschi Glas, deutsche Schauspielerin
Ute (a) hochdeutsche Form von Oda. *Bekannte Namensträgerin:* Ute Lemper, deutsche Sängerin und Tänzerin. *Namenstag:* 20. April, 23. Oktober, 27. November

Valborg nordische Form von Walburg
Valenta *lateinisch:* gesund, kräftig
Valentine (a) erweiterte Formen von Valenta. *Bekannte Namensträgerin:* Valentina Tereschkowa, russische Kosmonautin. *Namenstag:* 26. April, 6. Mai, 2. Juni, 25. Juli, 26. Oktober
Valeriane (a) erweiterte Form von Valerie
Valerie (a) *lateinisch:* aus dem Geschlecht der Valerier; auch: gesund, kräftig. *Namenstag:* 4. Mai, 20. Mai, 10. Dezember
Valeska polnische Form von Valeria
Vanda italienische und schwedische Form von Wanda
Vanessa englischer Vorname; eigentlich Name einer Schmetterlingsgattung; oder von J. Swift in seinem Gedicht „Cadenus und Vanessa“ aus den Anfangssilben des Namens Esther Vanhomrigh gebildet. *Bekannte Namensträgerin:* Vanessa Redgrave, englische Schauspielerin
Vanna italienische Kurzform von Giovanna
Varinka slawische Koseform von Warwara
Vaubourg französische Form von Walburg
Ve Kurz- und Koseform von Genoveva
Vefa Kurz- und Koseform von Genofeva
Veneta Nebenform von Venetia
Venetia *lateinisch:* die aus Venedig Stammende
Vera auch Wera; *russisch:* der Glaube; oder Kurzform von Verena oder Veronika. *Bekannte Namensträgerin:* Vera Tschechowa, deutsche Schauspielerin. *Namenstag:* 24. Januar

Vérène französische Form von Verena

Verena *vielleicht aus dem Lateinischen:* die Zurückhaltende, sich Scheuende. *Namenstag:* 22. Juli, 1. September

Verita (s) *lateinisch:* die Wahrheit; Veritas auch als männlicher Vorname!

Verona (e) Kurzformen von Veronika. *Bekannte Namensträgerin:* Verona Feldbusch, deutsche Fernsehmoderatorin

Veronika auch Veronica; *griechisch:* die Siegbringende. *Bekannte Namensträgerin:* Veronica Ferres, deutsche Schauspielerin; Veronika Fischer, deutsche Sängerin. *Namenstag:* 4. Februar, 9. Juli

Véronique französische Form von Veronika

Veruschka russische Koseform von Vera

Vesta *lateinisch:* Name der römischen Göttin des Herdfeuers

Veva (i) Koseformen von Genoveva

Vibeke dänische Form von Wibke

Vicki (y) Kurz- und Koseformen von Viktoria. *Bekannte Namensträgerinnen:* Vicki Baum, österreichische Schriftstellerin; Vicky Leandros (eigentlich: Vassiliki Papathanassiou), griechisch-deutsche Sängerin

Victorine französische Form von Viktoria

Viki Nebenform von Vicki

Viktoria auch Victoria; *lateinisch:* Name der Siegesgöttin. *Bekannte Namensträgerinnen:* Viktoria, Gattin von Kaiser Friedrich III.; Victoria Principal, amerikanische Schauspielerin. *Namenstag:* 17. November, 23. Dezember

Viktorine (a) erweiterte Formen von Viktoria

Vilja *ungarisch;* ursprünglich finnischer Frauenname: Reichtum, Güte

Vilma ungarische und litauische Form von Wilma

Vincenta auch Vincentia, Vinzentia; *lateinisch:* die Siegerin

Vineta bulgarische Nebenform von Venetia

Vinzentine erweiterte Form von Vinzenta

Viola *lateinisch:* das Veilchen. *Namenstag:* 3. Mai, 23. Dezember

Violet englische Form von Viola

Violetta italienische Form von Viola

Virginia (e) *lateinisch:* aus dem Geschlecht der Verginier; auch: die Jungfräuliche. *Bekannte Namensträgerin:* Virginia Woolf, englische Schriftstellerin. *Namenstag:* 7. Januar

Vita Kurzform von Viktoria

Viv englische Kurzform von Viviane

Viveka schwedische Nebenform von Vivica

Viviane auch Viviana, Vivien; *lateinisch:* die Lebensvolle. *Bekannte Namensträgerin:* Vivien Leigh, englische Schauspielerin

V W

Vivien englische Form von Viviane

Vivienne französische Form von Viviane

Vlaska polnische Nebenform von Valeska

Vola friesische Kurz- und Koseform von Vornamen, die mit „Volk-" zusammengesetzt sind

Volkhild (e) *aus dem Althochdeutschen:* Volk und Kampf

Vollina ostfriesische Kurzform von Vornamen, die mit „Volk-" zusammengesetzt sind

Vreda niederdeutsche Form von Frieda

Vreni oberdeutsche Kurz- und Koseform von Verena. *Bekannte Namensträgerin:* Vreni Schneider, schweizerische Skirennläuferin

Vroni oberdeutsche Kurz- und Koseform von Veronika

Walburg (a) *aus dem Althochdeutschen:* walten, herrschen und Schutz. *Namenstag:* 25. Februar, 4. März, 1. Mai

Walda Kurzform von Vornamen, die mit „Wald-" zusammengesetzt sind

Waldburga Nebenform von Walburga

Waldtraud Nebenform von Waltraud

Walli (y) Kurz- und Koseformen von Walburg, Valerie oder Valentine

Waltraud auch Waltraut, Waltrud; *aus dem Althochdeutschen:* walten, herrschen und Kraft, Stärke. *Namenstag:* 9. April

Waltrun (e) *aus dem Althochdeutschen:* walten, herrschen und Geheimnis, Zauber

Wanda slawischer Vorname; die Wendin, die Sorbenfrau

Warenka russische Koseform von Barbara

Warja russische Kurzform von Barbara

Warwara russische Form von Barbara

Weda auch Wedis; ostfriesische Kurzform von Vornamen, die mit „Wed-" oder „Wig-" zusammengesetzt sind

Wega (e) friesische Kurzformen von Vornamen, die mit „Wig-" zusammengesetzt sind

Welda Nebenform von Walda; oder Kurzform von Vornamen, die mit „Wil-" zusammengesetzt sind

Wella Herkunft und Bedeutung ungeklärt

Wencke norwegischer Vorname; oder niederdeutsche Kurzform von Vornamen, die mit „Wern-" oder „wine" zusammengesetzt sind. *Bekannte Namensträgerin:* Wencke Myrhe, norwegische Schlagersängerin

Wendelburg *aus dem Althochdeutschen:* aus dem Stamm der Wandalen und Schutz

Wendelgard *aus dem Althochdeut-*

schen: aus dem Stamm der Wandalen und Schutz

Wendi (y) Kurz- und Koseformen von Vornamen, die mit „Wendel-“ zusammengesetzt sind

Wendula Nebenform von Wanda

Wera Nebenform von Vera

Werta Nebenform von Weerta

Wetti Koseform von Barbara

Wiba ostfriesische Kurzform von Vornamen, die mit „Wib-“ oder „Wig-“ zusammengesetzt sind

Wibke auch Wiebke; friesische Kurzformen von Vornamen, die mit „Wig-“ zusammengesetzt sind. *Bekannte Namensträgerin:* Wiebke Bruns, deutsche Fernsehjournalistin

Wieka Kurzform von Ludowika

Wieke Nebenform von Wieka

Wiesche friesische Koseform von Luise

Wiete friesische Kurzform von Vornamen, die mit „Wig-“ zusammengesetzt sind

Wigburg (a) *aus dem Althochdeutschen:* Kampf und Schutz, Zuflucht

Wika Nebenform von Wieka

Wilburg *aus dem Althochdeutschen:* Wille und Schutz, Zuflucht

Wilgard *aus dem Althochdeutschen:* Wille und Schutz

Wilhelma *aus dem Althochdeutschen:* Wille und Helm

Wilhelmine (a) erweiterte Formen von Wilhelma. *Bekannte Namensträgerin:* Wilhelmine, Königin der Niederlande; Wilhemine Lübke, Ehefrau des früheren Bundespräsidenten

Wilja auch Willa; Kurzformen von Vornamen, die mit „Wil-“ zusammengesetzt sind

Wilma Kurzform von Wilhelma, Wilhelmine

Wiltraud auch Wiltrud; *aus dem Althochdeutschen:* Wille und Kraft, Stärke. *Namenstag:* 6. Januar, 21. Mai, 2. Juli, 30. Juli

Winfrieda (e) *aus dem Althochdeutschen:* Freundin und Friede

Winifred englischer Vorname keltischer Herkunft; auch angelehnt an Winfrieda. *Namenstag:* 3. November

Winnie englische Kurzform von Winifred

Winona angloamerikanischer Vorname indianischen Ursprungs: erstgeborene Tochter. *Bekannte Namensträgerin:* Winona Ryder, amerikanische Schauspielerin

Wintrud (e) *aus dem Althochdeutschen:* Freund und Kraft, Stärke

Wisa Koseform von Aloisia

Wise Koseform von Aloisia und Luise

Witta weibliche Form von Witte; oder Nebenform von Wiete. *Bekannte Namensträgerin:* Witta Pohl, deutsche Schauspielerin. *Namenstag:* 26. Oktober

Wolfhild (e) *aus dem Althochdeutschen:* Wolf und Kampf

Wolfrun *aus dem Althochdeut-*

schen: Wolf und Geheimnis, Zauber

Wübke ostfriesische Nebenform von Wibke

Xandra Kurzform von Alexandra

Xanthe englischer Vorname griechischer Herkunft: gelb

Xenia *griechisch:* die Gastfreundliche; auch Nebenform von Polyxenia. *Bekannte Namensträgerin:* Xenia Hausner, österreichische Künstlerin

Xenja Nebenform von Xenia

Xochil *mexikanisch:* Blume

Yara Nebenform von Jara

Yasmin (a, e) Nebenformen von Jasmin

Yola Kurzform von Yolanda

Yolanda auch Yolanthe, Jolanda, Jolanthe; *griechisch:* Veilchen

Yvette weibliche Form von Yves

Yvonne auch Ivonne; weibliche Formen von Yvo, einer Nebenform von Ivo (Kurzform *aus dem Althochdeutschen:* Eibe)

Zara (h) Nebenformen von Sarah. *Bekannte Namensträgerin:* Zarah Leander, schwedische Schauspielerin und Sängerin

Zäcilia auch Zäzilie; Nebenformen von Cäcilie

Zdenka tschechische Form von Sidonia

Zelda englische Kurzform von Griselda

Zella auch Cella; Kurz- und Koseformen von Marcella

Zelma angloamerikanische Nebenform von Selma

Zenta Kurzform von Innozentia, Vinzenta oder Kreszentia

Zenzi Kurzform von Kreszentia

Zerline Herkunft und Bedeutung ungeklärt

Zerrin türkischer Vorname arabischer Herkunft; wörtlich: goldfarben

Zilla (i, y) Kurz- und Koseformen von Cäcilie

Zinnia englischer Vorname; nach dem Blumennamen Zinnie

Zippora *hebräisch:* Vogel

Ziska Kurzform von Franziska

Zissi (y) auch Cissi; Kurz- und Koseformen von Franziska

Zita *italienisch:* die Hurtige; auch Kurzform von Felizitas. *Namenstag:* 27. April

Zitta Nebenform von Zita

Zoe *griechisch:* das Leben. *Namenstag:* 2. Mai

Zofia polnische Form von Sophie

Zölestina Nebenform von Cölestina

Zsuzsi ungarische Form von Susanne

Zuleika Nebenform von Suleika